すべての婚活
やってみました

石神賢介

Ishigami Kensuke

JN264896

小学館
101
新書

はじめに

やぶれかぶれだ。

三十代で一度結婚に失敗し、結婚をするための活動、〝婚活〟をスタートしたのは四十代に入ってから。婚活パーティー、ネット婚活、結婚相談所など、あらゆる婚活ツールを試みたが、成就することなく五十代を迎えた。

今の日本は未婚者を取り巻く厳しい状況が、日本人の未婚率にも表れている。

三〇～三四歳	男性四六・五％	女性三三・三％
三五～三九歳	男性三四・六％	女性二三・四％
四〇～四四歳	男性二七・九％	女性一六・六％
四五～四九歳	男性二一・五％	女性一一・七％
五〇～五四歳	男性一七・二％	女性七・八％

（二〇一〇年国勢調査より）

いよいよ残りの人生は少なくなってきた。これから先は心を許せる女性と手をとり合って歩きたい。しかし、年齢が増せば、それだけチャンスは少なくなる。

当然周囲から未婚の女性は減るし、利用できる婚活ツールも限定される。その多くには年齢制限があり、五十歳で参加できるものは年々減っていく。

さらに、職業別未婚率のランキングを見てぞっとした。

一位　制作・クリエイティブ　六五・三％
二位　自営　五五・四％
三位　専門（士業・コンサルタントなど）　四八・四％
四位　事務・管理　四五・九％
五位　プログラマー　四五・五％
（二〇一三年パートナーエージェント調査より）

文筆業という職業は、未婚率ランキング一位の「制作・クリエイティブ」と二位の「自営」にダブルで該当するのだ。現実は厳しい。

いよいよ体裁にこだわってなどいられない。

こうなったら、参加できる婚活ツールすべてに参加してやる！

婚活パーティー、ネット婚活、結婚相談所といった婚活の〝メインストリーム〟だけではなく、さまざまな新しい婚活ツールにトライすると決めた。

不況による倒産やリストラや減収で活力を失い、草食化が進む男性たち、それでも高収入の男性を求める女性たち、そこに生じる明らかなミスマッチ……。日本の結婚難は深刻だ。

そんな状況で、一九九〇年代からお見合いパーティー（当時は「婚活」という言葉がなかった）をはじめとする出会い産業が盛んになった。

二〇〇〇年代前半までの婚活ツールは玉石混交。お笑いコンビ、とんねるずのバラエティ番組『ねるとん紅鯨団《べにくじらだん》』に明らかに影響を受けた学園祭ノリのパーティーや、参加男女の人数が極端にアンバランスなパーティーが街のあちこちで開催されていた。男性が女性の三倍もいて、一人の女性の前に順番待ちの男性がずらりと並ぶというコントのようなパーティーに参加したこともある。

しかし二〇〇七年、転機が訪れた。「婚活」という新語が生まれ、結婚できない理由は個人の人間力の低さだけではないことがアナウンスされた。婚活が以前ほど恥ずべきことではなくなり、シングル女性たちが積極的に婚活を行うようになった。

女性が集まる場所には、彼女たちを追って男性も集まる。婚活の場がより活発になり、婚活ツールが増え、多様化し、競争の原理が生まれ、低レベルの会社は淘汰された。

二〇一〇年代に入ってからは、婚活ツールの種類がさらに豊富になった。バスツアー、料理教室、写経……。あらゆるものが婚活とコラボレートするようになった。

この本は、十年近くに及ぶ、自分を受け入れてくれる婚活ツールのすべてに真剣に参加した婚活記だ。

さて、自分はというと、婚活市場でかなりのハンデがある。

なにしろ五十代だ。身長は百七十センチに満たない。顔は大きく、手足は短く、脂肪もしっかりついていて、腹が立派に育ってきた。五十歳に近づいてきた頃からはお笑いタレントのカンニング竹山さんに似ていると言われるようになった（竹山さん、すみません！）。この条件で婚活戦線を勝ち抜くのはなかなか厳しい。

そんな中でアドバンテージがあるとすれば、手前味噌になるが、著述業という職業がら、話を聞くスキルがあることだろう。

「聞く」ことは受動的ではあるが、能動的な「話す」よりも脳で行う作業が多い。相手の話に耳を傾け、内容を理解し、自分なりに解釈し、気の利いた質問をして相槌も打つ。これだけのプロセスを短時間で行い、会話を積み重ねていくのが聞く作業だ。

聞くスキルを磨くと、日常生活でのコミュニケーションでも役立つ場面が多々ある。多くの人は、プロの聞き手と向き合う機会がないので、新鮮に感じて気持ちよく話してくれる。そこからいい人間関係が生まれていく。

すでに体質と化しているこの聞く技術を、婚活の場で目一杯活用して女性と向き合うようにしている。だからだろう、会話時間が長い婚活イベントであればあるほど成果が上がる。逆に会話時間が短いイベントの場では、容姿に恵まれている人にはどうやってもかなわない。

婚活には明らかに向き不向きがある。結婚への望みを捨てていないシングル男女の皆さんには、自分に向く婚活ツールを見つけて、ぜひとも幸せをつかんでいただきたい。

なお、文中の名前は本人を特定できないように、すべて仮名である。また、ここで紹介する婚活は、わかりやすいようにそれぞれプロセスを書いたが、それらはあくまでも参加した時のものなので、毎回同じ流れとは限らない。ご理解ください。

すべての婚活やってみました◉目次

婚活パーティー　その②「異業種コラボでここまで進化していた」編

婚活バスツアー　生まれて初めてイチゴ狩りに出かける／年齢制限オーヴァーのイベントに思い切って参加／超過密スケジュールのバスツアーの前夜はよく眠っておくこと／大型バスに男女の参加者が三十四人も乗っていた／女性の母親と自分が同い年と知り、申し訳ない気持ちになる／酔い止めの薬を持参しよう／絶滅してはいなかった肉食系男子

中高年限定婚活バスツアー　低テンションの二組のカップル／男たちの後頭部に哀愁がただよう／たんたんと進行していく中でも男女は仲よくなる／プリンとアイスクリームの無差別配布が奏功した⁉

婚活ハイキング　小学生時代の遠足の記憶がよみがえる／スタッフ女性に声をかけたら怒られた

婚活クルージング　美しい景色に助けられてカップルが誕生していく／長時間をともにすることで警戒心が解かれる

ランチ婚活　レストラン中の視線が婚活テーブルに集中／なんと放置プレ

第3章　大出費覚悟で結婚相談所へ登録してみた

第1章

婚活パーティー　その①
「参加する美女には理由《ワケ》がある」編

スタンダードな婚活パーティー

婚活初心者が婚活市場での自分の商品価値を知る日本全国で開催されているイベント出会いイベント

ヌード写真を送信してきた現役ナレーター

自宅で仕事をしていると、ケータイメールのコール音が鳴った。

「うるせえなあ……」

悪態をつきながら受信ボタンを押す。

「お風呂上がりのエリちゃん♥」

ハートマーク付きのタイトルが目に飛び込んできた。

「またかよ……」

つぶやきながら添付ファイルを開くと、「おっ!」、ヌード写真である。

写真はバスルームの大鏡に映る裸を自分撮りしたものだ。湯けむりで全体的にぼやけている。小ぶりな両胸の先っぽは、ぼんやりと判別できる程度だ。右手で持つカメラ付き携帯電話で顔を隠し、左手で大切なところも押さえている。

どう反応したらいいのか、どんなレスポンスをしたらいいのか、判断に迷う。画面に顔を近づけたり遠ざけたりして細部を見ようと工夫してしまう自分が悲しい。

そうしているとまたケータイが鳴った。今度はメールではなく通話機能だ。通話ボタンを押すやいなやいたずらっぽい声が響いた。

「どう？　エリちゃん、かわいいでしょお！　イシガミさんのために特写したんだよ」

「湯けむりでぼやけてよくわからないよ」

「だからこそエロくていいんじゃない。エリちゃんとしたくなっちゃったでしょ？」

「仕事中だから大丈夫」

強がってみる。

「あらっ、無理しちゃってる。エリちゃんの写真見て、興奮しているくせに」

「……今から会おうか？」

「ダメぇー！　エリちゃん、もう寝るんだもん。明日も朝早くから仕事だしい」

「じゃあ、明日の夜は？」

「いいよおー。でも、会ってもご飯だけだよ。させてあげないよ。エリちゃんは結婚する人としかしないんだから」

そう言って、ケラケラ笑う。

こんなアホな会話が毎夜続いていた。ケータイメールで何かしら彼女の写真が送信され、すぐ後にからかうような電話がある。写真の内容はこの夜のようなヌードばかりではない。ほとんどは仕事の合間のにっこりスナップだ。自分の写真を添付ファイルで送るというのはどんなマインドだろう。自分のことがよほど好きに違いない。


お通夜のような静寂の後にマシンガントークが始まる

エリさんは三十八歳。イベントで司会をするナレーターだ。日本語だけではなく、英語とフランス語もあやつり、仕事の場での評価は高いらしい。しかし、どういうわけか、プライベートでの一人称は四十近くになって「エリちゃん」だ。

彼女とは銀座のホテルで開催された婚活パーティーで知り合った。都心部のあちこちで行われているもっともスタンダードなスタイルのパーティーである。

その流れは次の通りだ。

①　電話やネットで参加申し込みをする
②　当日、受付で参加費を払い、運転免許証、パスポートなど写真付きの公的身分証明書もしくは社員証を提示する
③　会場に用意されているプロフィール用紙に記入をする
④　パーティーの前半は自己紹介の時間。プロフィールを交換しながら、男性は参加する女性全員と、女性は参加する男性全員と、一対一で、一人につき二～三分間の会話をする
⑤　パーティー前半終了後のインターバルで、興味を持った相手を複数名記入した用紙をスタッフに提出する
⑥　パーティー後半はフリータイム。シャッフルを三～五回くり返しながら、前半で興

味を持った相手と会話ができる。会話の時間は一人につき三〜五分ほど

⑦後半のフリータイムの途中で、前後半のインターバルで提出した用紙を集計したデータが各人に配布される。そこには自分が気に入った相手の人気度や、誰が自分を気に入ってくれているかなどの情報が記されているので、フリータイムで活用する

⑧フリータイム終了後、最終的に「また話してみたい」と思った相手を記入した用紙や、気に入った相手に自分の連絡先を伝える用紙をスタッフに提出する

⑨パーティーの結果が記された用紙を渡される。連絡先を交換した相手とは、その後は自由恋愛。会場でカップルの発表を行い、参加者全員が拍手で祝福するシステムのパーティー会社もある

大ざっぱだが、こうしてパーティーは進行する。会場はホテルの宴会場やパーティー会社内のサロンや会議室だ。

受付をすませて会場に入ると、スタッフにうながされて着席し、プロフィール用紙に自分のスペックを記入しながら開始を待つ。この時間帯はかなり息苦しい。結婚相手や

交際相手を求める男女が計二十〜四十人ほどいるにもかかわらず、お通夜の待ち時間のような静寂に包まれている。

プロフィール用紙の項目はパーティー会社によって異なるが、名前、年齢、住まい、身長、血液型、星座、一人暮らしか家族同居か、飲酒、喫煙、職業、年収、休日、勤務地、最終学歴、婚歴、家族構成、ペットの有無、資格、特技、食べ物の好き嫌い、映画・音楽・読書などの趣味、デートしたい場所、自己PR……などだ。

パーティーがスタートすると、それまでの静寂がうそのように全員がマシンガントークを始める。参加する異性全員と話す自己紹介の時間は一人につき二〜三分なので、かなり頑張らないと、質問も自己PRも満足にできないからだ。また、隣の席との距離が近いケースが多く、はっきりしっかりしゃべらないと、周囲の会話に紛れて目の前の相手が話す内容が聞こえない。

婚活パーティーは、北海道から沖縄まで全国各地で行われている。その多くは週末だが、東京や大阪では平日の夜にも開催されていて盛況だ。

こうしたパーティーに四十代から五十歳までに百回ほど参加し、七十人ほどの女性と交流した。もちろん女性との関係はさまざまだ。カフェに一度行っただけの相手もいれば、お泊まりした相手もいる。旅行もした。しかし、結婚には至らなかった。
出会った女性たちの職業もさまざまで、会社員、女優、航空会社の客室乗務員、フリーアナウンサー、シンガーソングライター、モデル、銀座のホステス、エステティシャン、看護師……など。十代の頃に聴いていたラジオ番組の女子大生リポーター（当時）に出会った時はかすかに興奮した。

彼女の婚活市場での商品価値は三八〇〇円？

週末に銀座のホテルで行われた婚活パーティーで出会ったエリさんはスカートの丈が微妙に短いネイビーのスーツ姿で、参加女性約二十人の中では圧倒的にかわいかった。会場では必死に口説き、再会してくれるように説得した。その成果が実って連絡先をもらい、後日デートにこぎつけたわけだ。
しかし、容姿がよく、おしゃれで、それにもかかわらずパートナーがいなくて婚活パーティーに参加してしまうには理由があるものだ。彼女は毎日電話をしてきて、ほとんど意味のないことを話し続ける。こちらが電話に出ないと怒る。携帯電話を家に置き忘れて外出した時などは、「今どきケータイを持たずに出かけるなんて考えられない！」と何十分も責めたてられた。

交際しているわけではなく、二、三回食事をしただけでがみがみ叱られるのはつらい。その後、交通事故的にお泊まりしてしまったことはあったが、結局結婚には至らなかった。一日に十回近く電話をしてくる女性と付き合うのは難しい。

後にわかったのだが、彼女はある弁護士と交際していた。相手は妻子持ちだ。エリさんに内緒でいつの間にか二十代の女性と結婚して子どももできていたらしい。二股かけられた末に捨てられたわけだ。

「私さあ、今の状況から抜け出したいのよ」

そんな相談をされて、事情を聞くと、自分の生活について正直に打ち明けてきたのだ。

さらに、実に自分勝手なリクエストもしてきた。

「私、幸せな結婚をしたいの。イシガミさんの知り合いに、絶対に浮気をしない男性、いない？」

はずみとはいえ、過去に関係を持った男に対してである。例外はあるかもしれないが、普通に考えて、「絶対に浮気をしない男」はモテないかお金がないかどちらかだ。

「心当たりはあるけれど、浮気をしないやつというのは、つまり、モテない男だよ。だっさいよ。それでもいい？」

「いいよ！　モテない男性がいい。浮気されるのはもううんざり。でも、貧乏な男の人は嫌だけど」

「彼は四十七歳で一部上場の商社に勤めていて、父親が別の会社の経営者だから、資産はあると思う」

その商社勤務の友人は本当に地味だ。身長は百六十センチほど。一か月に一度社内にある一〇〇〇円の理髪店で散髪し七三に分けた髪は、風が吹いても動かない。自前なのにヅラと思われてしまい割に合わない。メガネのレンズは異常に大きい銀縁だ。パンツはいつもはっきりツータック。ポロシャツは常にスラックスイン。しかも、大きなバッグを右肩から左の腰へと斜めにかけて現れる。趣味はプロ野球観戦で、もちろん読売ジャイアンツのファン。巨人が負けた翌日は明らかに機嫌が悪くなる。

後から文句を言われるのは嫌なので、エリさんにはありのままを話した。

「その人、私に紹介して！」

「何度も念を押しておくけれど、彼は本当にだっさいよ。容姿は、すっげえオヤジだよ」

「いいよ！」

彼女は積極的だった。元彼に別の本命女性がいたことがよほど心の傷になっているのだろう。

しかし、二人はうまくはいかなかった。彼のほうはエリさんをものすごく気に入った。しかし、彼女は怒って電話をかけてきた。

「あんなにカッコ悪いオジサン、ありえない」

「えっ、でも、事前にきちんと話したよね。だっさいオジサンだって」

「オジサンだとは覚悟していたけれど、あの人はふつうのオジサンではなくて、〝The King Of OJISAN〟‼　私には無理！　チューとか絶対にできないもん」

「そんなこと言われても……。リクエスト通りの相手を用意しただけだよ」

そう言っても、彼女にはまったく通用しなかった。

その後もしつこく電話で愚痴を言う。その多くは男性たちの自分に対するサービスへの不満だ。

「昨日デートに誘われて、おしゃれして出かけたのに、連れていかれたのはファミレスだった！」

「この前話した私を口説きまくる年下の男、ご飯くらいいいか、と思って会ったら、居酒屋に入って、二人で三八〇〇円しか使わないのお！」

そんな文句ばかりだ。おそらくその男たちだってお金を使う時、お金を使うべき相手には使うのだろう。エリさんにはその程度でいいと判断しているだけだ。つまり、ファミレスや居酒屋が婚活市場での彼女の商品価値なのである。

だから、エリさんはちょっとマシなご飯を食べたくなると、The King Of OJISANを呼び出して寿司や焼き肉をおごらせる。あきれた。そして、彼女のケータイを着信拒否にした。

男だって、長くシングルでいるには理由がある。The King Of OJISANの場合はそれが異常にオジサン臭いということだ。人間性の問題ではない。条件の整った男はみんなとっくに結婚している。

三十二歳のピアノ講師はいきなりハプニングバーに誘ってきた

エリさんがそうであったように、婚活パーティーに参加すると、最初は「なんでこの人にパートナーがいないのだろう?」と感じる魅力的な女性は多い。でも、その後何度か会うと、彼女たちが長くシングルでいる理由がわかる。世間一般とは何かしら感覚がズレているのだ。

たとえば三十五歳のモデルの女性は異常な食欲だった。彼女のお気に入りは一流ホテルのランチタイムやティータイムのスイーツバイキング。食事の後に二十種類以上のケーキを平らげる。いつも皿の上は山盛りだ。彼女がスイーツを食べる場面を初めて見た時は自分の目を疑った。

それでいて、彼女は美しい。スタイルもいい。いくら食べても太らないように、毎日二時間のエクササイズを自分に課しているのだ。パーソナルトレーナーまでつけてアスリート並みのトレーニングをしていた。

　こちらは彼女ほどたくさんのケーキは食べられないし、ストイックにエクササイズもできない。しかし、彼女は自分と価値観を共有できない相手に対しては冷たい対応をするので、とてもつらかった。

　婚活パーティーで出会い、最初のデートでハプニングバーへ誘ってきた女性もいた。三十二歳のその女性はピアノの講師だった。

「ハプニングバーに行ってみたいんですけれど、付き合っていただけませんか？」

　婚活パーティーで知り合い、翌週に会うやいなや誘ってきた。

　こちらはハプニングバー未経験だ。その時点ではどんな娯楽施設なのかも知らなかった。ありのままの気持ちを打ち明けると、行きたいけれど行きたくなかった。性的好奇心はあっても、何が待っているかわからないところへ行くのは怖かったのだ。

　しかし、断ることによって「小心者」と失望されるのでは、というせこい見栄《みえ》の感情も働いた。そして、渋谷・円山町のラヴホテル街にあるハプニングバーにのこのこといていってしまったのである。

店に入ってびっくりした。部屋のあちこちで、男女が絡み合っているではないか。一対一もあれば、一対三もある。縛られて逆さに吊るされている女性もいる。生臭いにおいが鼻をつく。

「どうぞご自由に楽しまれてください」

慇懃《いんぎん》な店のスタッフがそれぞれの部屋にアテンドしてくれるが、こちらはうろたえるばかりだ。全裸女性を見ても、男女の戯《たわむ》れを見ても、もはや性的興奮はない。

ピアノ講師には失望されただろうが、そんなことはもはやどうでもよかった。その場から早く立ち去りたかった。

結局店内で服を脱ぐこともなく、一時間ほどで帰宅した。そのピアノ講師とは二度と会うこともなかった。

二十九歳の美人OLは人妻だった

婚活パーティーは、時間的にもコスト的にも、婚活初心者にとってもっとも参加しやすいイベントだろう。ただし、その分のリスクはある。

まず、プロフィールに書かれている内容に偽りがあるケースが多い。既婚者でも参加できるし、年齢もごまかせる。受付の際に身分証明書は提示しているが、パーティー中に男女で交換するプロフィール用紙にはいくらでもうそを書けるからだ。

実際、三十七歳としてパーティーに参加していた女性に、後日「ごめんなさい。私、本当は四十なの」と打ち明けられたことはある。前出のエリさんなどは、容姿が若く見えるのをいいことに七歳下の年齢をプロフィールに記入していた。

この本を書くにあたってさまざまな知恵を授けてくれた雑誌編集者のNさんが、シングル時代に婚活パーティーで知り合い交際した女性にも既婚で子持ちがいたという。

その女性、チエミさんは二十九歳。都内のお嬢様系女子大を卒業してIT関係の企業で働いていた。

二人が出会ったのは「男性六大学限定・女性短大卒以上」という婚活パーティーで、会場は都内港区のホテルで立食形式。会費は男性七〇〇〇円で、女性五〇〇〇円だった。

Nさんはそのパーティーに参加するや後悔した。最初に会話をした国内線客室乗務員の女性から、頭のてっぺんからつま先までなめるように値踏みされたのだ。

「どちらの大学のご出身ですか？」

「お勤め先は？」

「おクルマは何に？」

「ご長男ですか？」

スペックばかりを矢継ぎ早に質問してくる。

「ご収入は？　私、年収一千万円以下の男性とはちょっと……」

あきれたNさんはウーロン茶のグラスを手にその場に立ちつくした。

出会いはもうあきらめて途中退出しようかと思い始めたところで話しかけられたのがチエミさんだった。映画やスポーツの趣味が一致したこともあり会話がはずみ、翌週には二人で食事をした。

チエミさんとNさんは住まいが同じ沿線だった。いつの間にか、週末はどちらかのマンションで甘い夜を過ごすようになっていた。ところが交際がスタートしてから三か月後のことである。Nさんは彼女の二LDKのマンションのリビングで妙なものを見つけた。それはごくありふれたクレジットカードの利用明細を伝える封筒。しかし、よく見ると、住所は間違っていないのに宛名の名字が違う。

Nさんが知るチエミさんの氏名は「ヨシダチエミ」。ところが、その郵便物には「シマダチエミ様」と記されていた。

封筒を手に首をかしげるNさんの背後で、チエミさんが号泣した。

「ごめんなさい！　だますつもりはなかったの！　今話し合っているところだから、もう少しだけ待ってほしい」

Nさんが説明を求めると、チエミさんには別居中の夫がいたのである。だから、名字は「ヨシダ」ではなく「シマダ」だったのだ。

チエミさん夫婦はその二年前から別居。離婚を前提に話し合いが続いているが、当時三歳の一人娘の親権を両者とも譲らず未解決のままだった。娘はチエミさんの実家で暮らしているという。

「私、あなたと結婚したい！　必ず離婚するから、時間をちょうだい！」

号泣はやがて哀願に変わった。

しかし、Nさんはいきなり幼児の父親になる自分がまったくイメージできない。三か月もだまされていたことにも傷つき、また気づかなかった自分の甘さも悔やまれた。数日後、チエミさんに別れたい旨伝えた。

ところが、その後のチエミさんの態度はＮさんにとってはまったくの想定外だった。

「私は絶対にあなたと別れない！」

というメールが一日に二十三回も届いたのだ。

仕事中も電話があり、着信履歴は百件を超えた。

Ｎさんはチエミさんの電話もアドレスも着信拒否の設定に。すると、自宅の前や職場の前で待ち伏せをされるようになった。戦慄した。ほとんどストーカーだ。

さらに、チエミさんはＩＴ関係の仕事で身につけたスキルを活《い》かし、Ｎさんのパソコンに侵入。メールの履歴を読むようになったのだ。

ほかの女性とメールのやりとりをすると、

「新しい女ができて、私と別れたくなったんでしょ！」

ネット婚活に登録しようと、サイトを運営する会社に問い合わせると、

「ネットナンパしてんじゃないわよ！」

というメールが来る。

Nさんはすべて黙殺した。彼女の夫が離婚したがった理由が理解できた。

そして、とどめのメールが届いた。

「バカ野郎！　馬に蹴られて豆腐の角に頭をぶつけて死んじまえ！」

この言葉を最後に中傷メールは途絶えた。

甘い交際三か月。激しく罵倒された三か月。すべてはチエミさんの既婚を隠しての婚活パーティー参加から始まった。

このように婚活パーティーにいるのは個性的な女性もいるが、大多数は常識的な女性だ。

ただし、ごくふつうの会社員の女性であっても概して求めるハードルは高い。それがまるで当然の権利であるように、こざっぱりした容姿で、高収入で、偏差値の高い大学を卒業していて、誰もが名前を知る会社に勤めていて、都心部で暮らしている男性を希望する。しかし、そんな男は婚活パーティーにはいない。いたとしてもナンパ目的で参加しているケースがほとんどだ。

では、婚活パーティーに参加するのは無駄なのか？　一概にそうとは言えない。男女とも複数の相手と交流することによって、婚活市場での自分の商品価値がわかるし、自分が譲れるところと譲れないところは見えてくることもある。

「デブでもハゲでもいいけれど、将来的に子どもの教育を考えたら、年収は七百万円以上ほしい」

「好きなタイプの顔だったら、あとは何も望まない」

というふうに譲れるところと譲れないところを明確化して婚活パーティーにのぞめば収穫があるはず。その域に達することができるかどうか、婚活スキルが問われるところだろう。

◎スタンダードな婚活パーティーの概要

参加料金

男性は五〇〇〇円前後、女性は二〇〇〇〜三〇〇〇円

持参するもの

・写真付き公的身分証明書もしくは社員証、最終学歴の卒業証明書や源泉徴収票の提示を求めるパーティーもある
・接近した状態で会話をするので、ブレスケアなど口臭予防製品

成果を上げるポイント

・会費の高いパーティーを選ぶ。会費が安いものは真剣度が低い。特に女性の会費が無料や五〇〇〜一〇〇〇円のパーティーは避ける
・ホテルの宴会場や品のいいサロンで開催されるパーティーを選ぶ。雑居ビルの一室のようなパーティーには、その会場と同レベルの男女が集まる
・一人で参加する。友達と一緒に参加すると、同じ相手を気に入った時に譲り合って共倒れになる
・一人参加の相手を選ぶ。友達と一緒の参加者は真剣度が低いことが多い。また、会場で仲よくなれても、帰りにカフェや食事に誘っても断られるケースが多い
・清潔な服装を心がける。男性はジャケットを着用し、靴やシャツにも気を配る。女性

もブラウスやワンピースを選ぶ
・プロフィールは具体的に書く。たとえば映画が好きならば、趣味欄に「映画」とは書かず、作品名やジャンルなどを記入する。また、相手が読みやすいようにはっきりした文字を書くように心がける
・パーティー会場では努めて笑顔を心がける
・相手の目を見て、できれば身振り手振りを交えてはっきりと話す
・自分ばかり話さずに相手に質問をしてきちんと話を聞く

歳の差婚活パーティー

若い女性が大好きなオヤジたちのために
金持ち好きorファザコン女性たちのために

十九歳年下の「エアロバイクの女」

ザッザッザッザッザッザッザッザッザッザッザッ……。

隣の部屋からエアロバイクをこぐ音が聞こえている。うるさくて仕事にならない。騒音というのは、規則正しいほうがむしろ苛立《いらだ》ちは増す。

「まだ仕事するのお〜〜〜?」

能天気な問いかけにさらにいらっとした。

エアロバイクをこいでいるのはアユミさん。都内の専門商社で事務職に就いている二十八歳だ。彼女とはその一か月前に東京・恵比寿のホテルで開催された歳の差婚活パー

女性が男性に希望する年収と許容できる年の差

	希望年収	年の差(上)	年の差(下)
平均	**682.6万円(最低427.0万円)**	8.4歳上まで	5.2歳下まで
20代	608.3万円(最低376.5万円)	10.6歳上まで	2.2歳下まで
30代	693.4万円(最低427.2万円)	8.2歳上まで	5.1歳下まで
40代	727.2万円(最低460.0万円)	7.5歳上まで	6.4歳下まで
50代以上	651.9万円(最低433.3万円)	6.9歳上まで	8.1歳下まで

男性が女性に希望する年収と許容できる年の差

	希望年収	年の差(上)	年の差(下)
平均	301.7万円(最低124.9万円)	3.3歳上まで	**11.9歳下まで**
20代	290.4万円(最低140.5万円)	5.9歳上まで	**5.1歳下まで**
30代	330.8万円(最低130.6万円)	3.5歳上まで	**10.3歳下まで**
40代	268.3万円(最低119.6万円)	2.5歳上まで	**14.4歳下まで**
50代以上	324.1万円(最低124.9万円)	2.0歳上まで	**16.2歳下まで**

2012年：結婚情報センター調べ

ティーで知り合った。

「私、会社でなーんにも仕事してないんだあー」

アユミさんの口癖だ。彼女は父親が役員を務める会社で働いていた。コネ入社だ。部署は総務で、でも特に与えられている仕事はなく、デスクの引き出しにストックしているスナック菓子を勤務時間中ずっと食べているという。それでも直属の上司は叱らない。出会った頃、彼女は紅茶に凝っていて、毎日違うブランドのティーバッグを試しているとご満悦だった。

「歳の差婚活パーティー」というのは、その名称の通り、参加する男女の条件に年齢差がある。スタンダードな婚活パーティーでは、自分よりひと回り以上若い女性と話すのは気が引ける。しかし、「歳の差婚活パーティー」とあらかじめうたっているものならば、堂々と会話にのぞめる。相手は最初から年上を求めているからだ。

システムや流れはスタンダードな婚活パーティーと同じだ（19ページ参照）。アユミさんと出会ったパーティーは「男性四十歳以上、女性二十五〜三十五歳」というくくりになっていた。

こんな男性に好都合なパーティーに、はたして女性が集まるのだろうか？　疑問を感じながら参加したが、会場に着くと十五人対十五人の婚活パーティーが成立していた。年上の男性を好む女性層というのは、いつの時代も一定数存在するのだろう。

また、概して女性は現実的で、収入の多い男を求める傾向が強い。

39ページの表を参照していただきたい。結婚情報センターが二〇一二年に行った調査によると、女性が男性に望む平均年収は六百八十二・六万円にも及んでいる。一方で国税庁の「平成二三年　民間給与実態統計調査」を見ると二十〜三十九歳までの男性の平均年収は単純に計算して約三百九十万円である。結婚情報センターの調査による最低希望年収四百二十七万円にも遠く及ばない。子どもを作ってきちんと教育を受けさせることを想定すると、ほかの希望条件をあきらめても高収入の男性を選ぶのだろう。

ちなみに高収入の目安とされる年収一千万円以上の男性は、前述の国税庁の調査によるとわずか六%。男性の未婚率を四割とすると、ざっくり計算しても四十二人に一人しかそんな独身男性はいない計算だ。概《おおむ》ね、高収入は中高年のほうが多いわけだから、女性が年齢差を受け入れるというのもうなずける。

さらに結婚情報センターの調査で男性が許容できる年の差（下）に注目してほしい。平均で十一・九歳、五十代以上に及んでは図々しくも（？）十六・二歳下までOKとしている。つまり、両者の思惑が一致しているというわけなのだ。

さて、自分自身が参加したパーティーで、アユミさんは目立っていた。黒のスーツに、ブラウスの赤が妙に映えていた。胸もとが大きく開いていて、会話の時には目のやり場に困った。

会話での彼女はぽわーんとした印象。何を考えているのか、どんな男性が好みなのか、よくわからない。だから、パーティー終了後にスタッフを通してまた会いたい旨書かれたメッセージと連絡先をもらった時には意外に感じた。

その時、こちらは四十七歳。アユミさんとは十九歳の歳の差だ。

バブル期を知らない世代はファミレスデートでもOK

交際のスタートはスムーズだった。青山のイタリアンレストランで食事をしたが、店を出るなり彼女のほうから手を握ってきた。

「チューしないのおー?」

タクシーの中で身体を寄せてきた。彼女が身にまとう匂いに頭がくらくらする。下半身が熱をおびてくる。

彼女とデートを重ねることでわかったのだが、バブル期を体験していない女性は付き合いやすい。個人差はあるだろうが、この世代はいちいち気取ったレストランを予約しなくても、緻密なデートスケジュールを立てなくても気にしない。

「そんなおしゃれなレストランじゃなくても、今日はマックでもファミレスでもいいよおー」

オヤジにとっては新鮮な提案をしてくれる。

バブル期に二十代を過ごした女性をファストフードやファミリーレストランに連れていったら、大激怒されるだろう。チェーン展開するカジュアルなレストランもまず許されない。お泊まりする際も、ランクの高いホテルでないと不満な態度をされる。バブル期体験世代の女性は、相手がどれだけ自分にお金を使ってくれるかを基準に愛情をはかる習慣が身についているからだ。

その点、アユミさんは贅沢《ぜいたく》なデートを求めることはなかった。ファミレスが好きで、歌舞伎町や円山町のラヴホテルが好きだった。

しかし、想定外だったのは、自宅デートがお気に入りなことだ。仕事やふだんの生活に退屈している様子で、すぐに家に遊びにくる。しかし、こちらは忙しいことが多い。原稿の締め切りに追われる生活だ。それでも、アユミさんはまったく意に介さない。

「勝手に遊んでいるから、お仕事しててていいよおー」

そう言って持参した漫画を読んだり、当時うちにあったエアロバイクをこいだり。このエアロバイクの音が原稿を書いている身にとってはいらっとくる。

そして、退屈すると、ベッドに誘ってくる。こちらも生身の人間だ。仕事をしなくてはいけないと思いつつも、彼女のペースにはまってしまう。

「そんなに頑張って働かなくたっていいじゃない。アユミちゃんと楽しくしようよ」

その時はもちろん楽しい。しかし、翌日には後悔し、反省し、もともと少ない睡眠時間をさらに削って仕事をするはめになる。怠惰になっていく自覚もあり、彼女との付き合いに不安を感じ始めた。個人で仕事をする者の性《さが》だ。

また、アユミさんと一緒にいると自分が愛人を連れて歩くオヤジのように思えた。

彼女の服装は派手だ。露出度が高く、原色を好んだ。二十歳近い年齢差もある。並んで歩くとまともな組み合わせには見えない。

「そんな人目を気にするとはオレはなんて人間として小さいんだろう」

自己嫌悪を覚えた。

結局、三か月ほどで交際をやめる提案をした。彼女に伝えた理由はもちろん「仕事に集中したいから」だ。それ自体はうそではない。

歳の差婚活パーティーでは、アユミさんのほかにも何人かの女性と出会った。

年齢のせいか世代のせいかは不明だが、性に対して奔放な女性が多かった。婚活パーティー後、最初のデートでキスを求めてきたり、自分のほうからお泊まりを提案してきたり。このようなふるまいは同世代の女性との交際ではまれだ。手をつなぎ、キスをして、いいホテルにお泊まりをして……という段階を一つ一つ踏んでいくことを求められた。

同世代の男たちの性欲のなさに見切りをつけた

歳の差婚活パーティーが成立する理由の一つには、二十～三十代男性の草食化現象もある。つまり、男性に関しては世代が下になるに従って、性欲が低下しているのだ。

「ベッドの上で弱い同世代の男たちは対象外」

そう打ち明けてきたのは、別の歳の差婚活パーティーで知り合った三十二歳のアスカさんだ。都内の高偏差値の私立大学を卒業し、アメリカの大学への留学経験もあり、三か国語をあやつるアスカさんは、外資系ＩＴ企業の広報室で働いている。

その二年前、彼女は同世代の男性の性欲のなさに見切りをつけて歳の差婚活にシフトチェンジしてきたという。きっかけは、自衛隊婚活パーティーで知り合った三十歳のマコトさんとの交際だった。

ゴールデンウィークに神奈川県の海沿いにある海上自衛隊の駐屯地で行われたそのパーティーには、自衛隊員百人、自衛隊員との交際を求める女性百人が集まった。公務員人気もあり、女性は全国各地から来ていたという。そのパーティーでアスカさんが相思相愛のカップルになった相手がマコトさんだった。

マコトさんはノンキャリアのいわゆる〝制服組〟。毎日訓練をしているだけあって無駄な贅肉《ぜいにく》はなく、鋼《はがね》のような筋肉を持つ野獣系の容姿だった。

自衛隊婚活パーティー参加のために駐屯地まで出かけていくだけあり、アスカさんは積極的な性格で、性欲も強い。マコトさんと出会ってからというもの、仕事をしている昼間ですら夜の肉弾戦を妄想しては頬《ほお》を赤らめた。

ところが、週末ごとにデートを重ねているのに、マコトさんは、一か月経っても、二か月経っても、キスもしてこないし、手も握らない。彼女は苛立つばかりだ。

「なんで、私に何もしてこないの!?」

我慢の限界に達したアスカさんは実力行使に出る。自分の家の近くのバーにマコトさんを呼び出し、彼女のなじみのバーテンダーに根回しして濃いウイスキーの水割りを作らせ、マコトさんにしこたま飲ませた。最終電車がなくなるまで帰さず、そのまま自分のマンションに連れ込んだのだ。

しかし、彼はベッドに入るなり、高いびきをかき、叩いても揺すっても目を覚まさない。翌朝、目覚めると何事もなかったように帰っていった。それが二度続いた。

アスカさんはどうしていいかわからなくなった。

「マコト君、私ってそんなに魅力ない？」

次のデートの時に思い切ってたずねてみた。

「いえ、そんなことはないです」

「もしかして、ほかに彼女とかいたりする？」

「いえ、いませんよ」

「前の彼女のことが忘れられないとか？」

「そんなことは全然ありません」

思い切ってこんなことまで聞いてみた。

「もしかしたら、女性よりも男性のほうが好きとか？」

「そっちの気《け》もないです」

アスカさんは声を荒げた。

「じゃあ、なんで、私に何もしてこないの⁉」

「いやあー、信じてもらえるかどうかわからないけど、僕は話をしているだけで楽しいというか、それだけで満足なんです。二十代まではは人並みに性欲もあったんですけど、最近そういうのに興味がなくって……。アスカさんはこのままの関係じゃ嫌ですか？」

あまりにもさわやかに対応されて、アスカさんは唖然とした。

「去勢されたかのようなこの男とこれ以上付き合っても時間の無駄だわ」

そう結論づけた彼女は、マコトさんに見切りをつけ、同時に同世代の男にも見切りをつけた。

その結果、歳の差婚活パーティーへと進出したわけである。

二十代、三十代男性の草食化がさらに進む中、歳の差婚活パーティーにはアスカさんのような女性が今後も加速度的に参入するだろう。

ただし、歳の差婚活パーティーで待ち構えるオヤジ側には注意を払わなければいけないことがある。それは、金品目的の女性も参加していることだ。二十代、三十代の男性と比べると、四十代、五十代の男性のほうが概して所得は多い。そういう男性におねだりする女性は一定数いる。実際に、若さや胸の谷間に目がくらみ、高級ブランドの服や靴やバッグを何度か買ってしまった。

女性の手口は巧妙だ。露出の多い服に甘い匂いをただよわせ身体を密着してこられると、男はついついその日の夜のいとなみを期待してしまう。または派遣社員やパート勤務の女性が多い時代は、生活の苦しさを訴えられると、つい情にほだされてしまう。

しかし、ことブランド品を買った相手に関しては、交際が長続きしたことも、甘い夜をともにしたこともなかった。

さて、話は戻るが、自宅に遊びにきてはエアロバイクをこいでいた十九歳年下のアユミさんはとてもさばけた性格で、別れ話を持ち出したらおたがいの友達を集めての合コンを提案してきた。

「新しい彼を作る場をセッティングしてよぉ」

そんな彼女のリクエストに応えて、青山の居酒屋で三対三のコンパを行った。

男性は大学時代の同期を二人誘った。どちらもシングルで、離婚歴を持つ。彼女は華道教室の友達を二人連れてきた。明らかに自分より目立たない容姿のメンバーを揃えたのがわかった。

そのコンパで、アユミさんは専門学校の講師をしている友人を気に入った。男のほうもまんざらではなく、すぐに交際が始まり、二年ほど付き合っていたようだ。彼と彼女の年齢差も十九歳。歳の差カップルである。そして、こちらの男二人は〝兄弟〟になった。

◎歳の差婚活パーティーの概要

参加料金
男性は五〇〇〇～一万円、女性は一〇〇〇～三〇〇〇円

持参するもの

・写真付き公的身分証明書もしくは社員証、最終学歴の卒業証明書や源泉徴収票の提示を求めるパーティーもある
・口臭予防や体臭予防の製品を準備

成果を上げるポイント

・36ページのスタンダードな婚活パーティーの「成果を上げるポイント」を確認
・世代が違っても、努めて同じ目線で会話を楽しむようにする。いばったり、子ども扱いしてはいけない
・スタンダードなパーティーと比較すると金品目的の女性が多いので、安易にプレゼントをしない
・丈の短いパンツやポロシャツやTシャツのスラックスインなど、若い女性が嫌がる服装をしないように気をつける
・男性は連絡先をもらっても、メールでは無理に絵文字は使わない。若い相手に合わせようとして慣れない言動はしないこと

五十歳以上限定婚活パーティー

穏やかな老後を送りたい紳士淑女が集まる落ち着いた大人のための出会いイベント

静かに静かに進行する超大人のためのパーティー

都内のホテルの婚活パーティー会場。受付をすませて指定された席に座り周囲を見回して、自分が若返ったように錯覚した。その場にいる男性メンバーに、明らかに年下はいない。

男性の多くは白髪で、皆ダーク系のスーツ姿だ。女性はスーツもしくはワンピース。誰もが上品な装いである。

このパーティーの年齢枠は、男性は五十歳以上、女性は四十五歳以上。定員は男女各十五人で、計三十人。会費は男女とも一人一万円だ。

性別生涯未婚率および初婚年齢:1970〜2010年

	男		女	
年次	生涯未婚率	初婚年齢	生涯未婚率	初婚年齢
1970	1.70%	27.46歳	3.34%	24.65歳
1975	2.12%	27.65歳	4.32%	24.48歳
1980	2.60%	28.67歳	4.45%	25.11歳
1985	3.89%	29.57歳	4.32%	25.84歳
1990	5.57%	30.35歳	4.33%	26.87歳
1995	8.99%	30.68歳	5.10%	27.69歳
2000	12.57%	30.81歳	5.82%	28.58歳
2005	15.96%	31.14歳	7.25%	29.42歳
2010	20.14%	31.18歳	10.61%	29.69歳

出典:国立社会保障・人口問題研究所。　総務省統計局『国勢調査報告』により算出。
生涯未婚率は, 45〜49歳と50〜54歳未婚率の平均値であり、50歳時の未婚率。

パーティーは次のような流れで進行する。

①　電話やインターネットで申し込みをして、参加費を振り込む

②　当日の受付で、運転免許証、パスポートなど写真付きの公的身分証明書を提示する

③　会場に用意されている用紙にプロフィールを記入する

④　パーティーの前半は自己紹介の時間。プロフィール用紙を交換しながら、男性は参加する女性全員と、女性は参加する男性全員と約五分間会話をする

⑤　パーティー後半は立食パーティー形式のフリータイム。途中シャッフルを行い、約五

分ずつ、前半で興味を持った相手と会話ができる。会話は必ずしも一対一ではなく、複数で話してもいい。異業種交流会のような一般的なパーティーと同じだ

⑥ フリータイム終了後、最終的に「また話してみたい」と思った相手を記入した用紙をスタッフに提出する

⑦ おたがいが興味を持ったペアを「カップル成立」とし、パーティー終了後カフェラウンジで一対一のお見合いが設定される

この高齢者向け婚活パーティーは、スタンダードな婚活パーティーと比べると、静かに静かに進行していく。心の中で何を考えているかは不明だが、参加者からはガツガツした様子はまったく感じられない。

さて、ここでざっと中高年層の結婚事情について触れておこう。

53ページの表をご覧いただきたい。生涯未婚率というのは「四十五～四十九歳」と「五十～五十四歳」の未婚率の平均値から「五十歳時」の未婚率（結婚したことがない人の割合）を算出したもの。実際に一生涯を独身で通した人の数というわけではないが、

五十歳時点で未婚である人は生涯独身である可能性が高いことから、一般的に五十歳未婚者の割合を生涯独身である人の割合の目安として用いられている。

この表に記されている数字を見ると、男性では一九七〇年にわずか一・七％に過ぎなかった生涯未婚率が二〇〇〇年に一〇％を突破。その後は加速度的に増加する一方で、二〇〇五年には一五・九六％、二〇一〇年にはなんと二〇・一四％に及んでいる。つまり、五人に一人以上が一生結婚しないまま人生を終えていく計算だ。

女性も二〇一〇年には一〇・六一％となり、初婚年齢も近いうちに三十歳を超えることはほぼ確実視されている。社会問題化している少子化もこういうところに起因していると考えられる。生涯未婚者に加え、離婚・死別を含めた中高年シングルがパートナーを求めてマーケットに参入するから、このようなパーティーも成立するのだろう。

六十六歳の婚活女性に励まされる

話を本題に戻そう。年齢層の高い婚活パーティーに参加した理由は、恥ずかしながら、モテたかったからだ。このパーティーにたどり着くまでには、さまざまな婚活ツールを利用し、女性にいく度もふられ、婚活市場における自分の市場価値の低さを痛いほど思い知らされた。

そこで、実に姑息な発想だが、自分のスペックが有利に働く環境で活動をしてみようと考えたのだ。

「あらっ、お若いのねえ。もっと若い方が集まるパーティーに参加なさったらいいのに」

パーティーの前半、一対一の会話の時間帯に最初の女性に言われた。上品なご婦人で、御年六十六歳。離婚歴があり、四十歳と三十七歳の子どもがいるという（子どもといっても十分に大人だ）。

「僕にでも素敵なパートナー、見つかるでしょうか?」

ひと回り以上年上の女性なので、つい気を許して相談モードになってしまう。

「心配しなくても大丈夫よ。あなた、身なりが清潔だもの。言葉づかいもきちんとしていらっしゃるし。もっと自信をお持ちなさい」

「ありがとうございます！」

「頑張りなさいね」

「はい！」

このパーティーに参加している女性に関して言うと、五十代半ばを境に上と下では明らかに雰囲気が違った。六十歳前後のいわゆる〝アラシックス〟は落ち着いていて穏やかに話す人が主流だ。一方、五十歳前後の〝アラフィフ〟はよくしゃべる。〝アラサー〟〝アラフォー〟よりもよくしゃべる。機関銃のようにしゃべるので、なんだか追いつめられていくような気持ちになっていく。

そして、よく食べる。パーティー後半の立食形式のフリータイムになると、ものすごい勢いでしゃべり、同時に食べて飲む。エネルギーが有り余っているのだろう。

このパーティーでは、最終的に四十九歳のイズミさんとカップルが成立した。後半のフリータイムで映画の話題で盛り上がったのだ。

パーティー終了時に成立したカップルは三組。その六人はカフェラウンジに場所を移して、一対一のお見合いを行うことになる。

スタッフが立ち会わないカフェでのお見合いで、イズミさんには結婚経験があり夫とは死別していること、仕事はしていないこと、二十歳の息子と十八歳の娘がいることなどがわかった。彼女は実にオープンな性格で、子どもたちとの暮らしの楽しさを生き生きと話してくれる。

しかし、こちらはどうしても腰が引けてしまう。

「いきなり二十歳と十八歳の父親になれるのだろうか?」

自問すると、どうしたってテンションは下がる。

男性参加者の半数以上が年金生活者

イズミさんとは後日食事もした。

「うちの息子はね、僕は絶対にママのような女とは結婚しない、って言うんですよ」

彼女は楽しそうに話す。

理由をたずねると、独りになった後の彼女は激しい恋愛をくり返してきたらしい。その相手のほとんどは妻子ある男性で、亡夫の友人やテニススクールのコーチなど。相手の妻や子どもたちとは数々の修羅場を闘ってきた。

不倫相手との旅行先のホテルに妻が怒鳴り込んできて返り討ちにしたとか、「夫は絶対に渡さない！」という妻からのメールに「その夫は今私と一緒のベッドで〜す」と熟睡する彼の寝顔の写真を添付してレスポンスしたとか、武勇伝には事欠かない。

「こういう女の闘い、娘は理解してくれているけれど、息子はすごく嫌がるんですよ」

そりゃあそうだろう。

「だから、ママのような女性は絶対に嫌だ、って」

息子は正常だ。

「でも、私もそろそろ不倫を卒業して、穏やかで幸せな暮らしを手に入れたくなって、婚活パーティーに参加したんです」

女としての歩みを機関銃のように話しまくる。

なるほど、それならば、ほかの男性と幸せになってほしい。もはや検討の余地はない。今後会う必要はない。

しかし、イズミさんはその後も時々電話をくれる。話の内容は子どもの学校のことや、ＰＴＡのお母さんたちのことなど。やはり機関銃のように話しまくるが、こちらはちんぷんかんぷんだ。イズミさんとは明らかにミスマッチの関係だった。

ところで、そのイズミさんと出会ったパーティーにはどんな男性が参加していたか、彼女が教えてくれた。

「十五人参加していた男性の半数以上は仕事をリタイアして、年金で生活している方がたでしたよ。老後を一人で過ごすのは寂しいんですって。でね、かすかにカビのような香りがするの。ああ、これが加齢臭なんだ、って思っちゃった」

そう言ってケラケラと笑った。

◎五十歳以上限定婚活パーティーの概要

参加料金

男女とも五〇〇〇～一万五〇〇〇円

持参するもの

・写真付き公的身分証明書、最終学歴の卒業証明書や源泉徴収票の提示を求めるパーティーもある

成果を上げるポイント

・36ページのスタンダードな婚活パーティーの「成果を上げるポイント」を確認する
・女性は男性の貯蓄や老後の生活設計などを確認する
・結婚歴がある参加者が多いので、家族構成や養育義務のある子どもの有無などを確認する

第2章

婚活パーティー　その②
「異業種コラボでここまで進化していた」編

婚活バスツアー

朝から夜まで行動をともにするからこそ人柄、社会性、協調性……などがわかる

生まれて初めてイチゴ狩りに出かける

「ほっぺたにミルク、ついてます」

突然女性に指摘され、うろたえた。

あわててハンカチを取り出し、頬《ほお》をぬぐう。

「とれましたか?」

「はい。大丈夫です。きれいにとれました」

その女性がにっこりとうなずく。

「ありがとうございます」

恥ずかしさをごまかすように無理やり笑い顔を作る。

この日は朝から婚活バスツアーに参加していた。

「お見合い婚活バスツアー♥イチゴ狩りと牧場キラキラウィンターファーム♥」

ツアー名にハートマークが二つもついた婚活企画だ。「キラキラウィンターファーム」というのは、高原の牧場で夜間に行われているイルミネーションである。

テーマは婚活。目的は出会い。にもかかわらず、うかつにもイチゴ狩りに夢中になってしまった。完全に無防備な状態だった。もいでは口に、もいでは口に。次々とほおばっていた。それでいつの間にかイチゴにつけるコンデンスミルクを幼児のように口のまわりにぬりたくっていたのだ。

このような婚活バスツアーなるものがあるのは噂では知っていた。しかし、なかなか参加する気持ちにはなれなかった。

バスツアーとなれば、まる一日婚活を行うことになる。二時間、三時間の婚活パーティーとは異なり、退屈なツアーだったとしても、あるいは興味を覚える女性が一人もいなかったとしても、途中で帰宅するわけにはいかない。

さらに、婚活とは直接関係はないのだが、バスツアーそのものが好きではなかった。小学生の頃に臨海学校や社会科見学に出かけた時に乗り物酔いで戻した体験が、軽いトラウマになっていたのだ。大人になってからは乗り物酔いで苦しんだことはない。それでも、旅行の際はできるだけバスは避け、電車を選んだ。バスのシートに感じるあの独特の匂いが、小学生時代の臨海学校を思い出させるからだ。

しかしこの時期、すでに婚活パーティーやネット婚活で成果が上がらず、煮詰まっていた。未体験のイベントへのチャレンジをしなければもう出会いはないと感じていた。

インターネットで検索すると、ミカン狩り、スノーボードツアー……など、いくつかの企画があり、その中から選んだのがイチゴ狩り婚活バスツアーだったのだ。イチゴ狩りはもちろん、「○○狩り」に出かけるのは生まれて初めてである。

年齢制限オーヴァーのイベントに思い切って参加

さまざまな婚活バスツアー企画の中からイチゴ狩りを選んだ理由は、まず単純にイチゴが好きだからである。せっかくまる一日を費やして好きでもないバスに乗って出かけるならば、せめて好きなものを食べたい。

しかし、参加には一つ大きな障害があった。そのイチゴ狩り婚活バスツアーに参加するには年齢制限がもうけられていたのだ。男性は二十四～四十二歳である。自分の年齢はすでに五十歳だった。

年齢制限の上限プラス二、三歳ならば大目に見てくれるだろう。しかし、プラス八歳というのはいかがなものだろう。自分が婚活ツアーのスタッフだったら丁重に断る。

実際、別の会社の婚活ツールに申し込んで、すでに年齢制限上限オーヴァーを理由に断られるという恥ずかしい体験をしていた。

一度目は猫婚活。猫が放し飼いにされているカフェで、猫たちと触れ合いながら会話を行う婚活パーティーだ。年齢の上限は四十歳。

婚活のツールは、パーティー系であれ、ネット系であれ、申し込み時に年齢を提示しなくてはならない。電話で問い合わせたら当然断られるだろう。そこで、インターネットで申し込み、即参加代金を振り込んだ。お金を支払ってしまえば、一度くらい大目に見て参加させてくれるのではないかと期待したのだ。

しかし、考えは甘かった。いともかんたんに却下された。

申し込んだその日に婚活パーティーの企画会社から電話があった。

「大変申し訳ないのですが、年齢の上限を超えていらっしゃるので、参加はご遠慮いただけますでしょうか」

振り込んだ参加費も翌日にはこちらの銀行口座に返却された。

同じことをカレー婚活でも試みた。男女でカレーライスを作って食べる婚活パーティーである。男性の年齢制限上限は四十二歳だった。しかし、こちらもあっさりと断られ、参加費は返却された。

だから、イチゴ狩り婚活も断られる覚悟はしていた。ところが、何も問題はないかのように参加申し込みは受け入れてもらえたのだ。二日後には、イチゴ狩り婚活バスツアーの行程表が郵送されてきた。行き先は千葉県の房総半島南部である。


超過密スケジュールのバスツアーの前夜はよく眠っておくこと

イチゴ狩り婚活バスツアーの流れは、ざっくりと次の通りだ。

①　インターネットか電話で参加を申し込む
②　正式な申し込み用紙、直筆のサインをする参加誓約書、バスツアー中の婚活トークで使うプロフィール用紙が送られてくるので、すべて記入して当日にのぞむ
③　当日朝、都心部のターミナル駅近くで集合。バス乗車前に②の各種書類を提出し、運転免許証やパスポートなど写真付き公的身分証明書を提示する
④　出発。バスでは男女が並び、男性は女性全員と、女性は男性全員と、プロフィール用紙を交換しながら、一対一で、一人につき三〜五分の会話を行う
⑤　途中で観光ホテルに寄り、昼食をとる。昼食後もホテル内の会議室で男女で会話の続きを行う
⑥　バスでイチゴ農園へ向かいながら、男女で会話を続ける
⑦　イチゴ農園でイチゴ狩り
⑧　バスで高原の牧場へ向かいながら、男女で会話を続ける
⑨　牧場でイルミネーションを楽しむ

⑩　帰りのバスの車内は自由席で、気に入った相手と会話を楽しむ
⑪　最後に気に入った相手を記入した用紙をスタッフに提出。お互い気に入った同士がカップルとして発表される
⑫　夜、出発点と同じ場所で解散

このように内容は盛りだくさん。休憩できる時間はほとんどない。まる一日婚活ざんまい。この日の集合時間は午前十一時だったが、元気でないとスケジュールをこなすだけで精一杯だ。

②にある参加誓約書の項目には、名前や年齢や職業を偽らないこと、セクハラはしないこと、参加者にセールス行為をしないこと、バスの中で飲酒や喫煙をしないこと……などが書かれていた。

参加費は、男性が約一万四〇〇〇円、女性が約一万三〇〇〇円。婚活に限らずバスツアーそのものが初体験なので、高いのか、安いのかは判断がつかない。

ツアー前日は深夜まで仕事をしていたので、きちんと起きて集合場所まで行けるか、

妙に緊張した。

大型バスに男女の参加者が三十四人も乗っていた

さて当日、集合場所に着いて驚いた。そこに待っていたのは大型バスだったのだ。

「そんなに大勢の男女が参加するのか！」

参加者は男女合わせてせいぜい十人くらいをイメージしていたが、バスのサイズからして少人数のツアーではないらしい。

集合時間十五分前なのに、すでに二十人ほどの男女が乗車していた。指定された席まで通路を進むと、すでに座っている参加者男女一人一人が「おはようございます！」「今日はよろしくお願いします！」と気持ちよく挨拶してくれる。こちらも努めて明るく挨拶を返す。まる一日行動をともにするのだから、男女どちらともいい関係を築きたい。

乗車の際には、番号札と小さな名刺カードのような用紙の束を渡された。

「カードには自分の番号、お名前、連絡先を記入して、後日連絡をとり合えるように、会話の際にお相手に手渡してくださいね」

という乗車時のスタッフの指示に従い、席に着くなりカードに自分の電話番号やメールアドレスを猛スピードで書いていく。二十枚近くあり、出発までに記入することができるか不安になる。

この日の参加人数は男性十七人、女性十七人、計三十四人だった。

一万円以上を払って貴重な週末をまる一日使う婚活バスツアーに参加する人が三十人以上いるのは予想外だった。しかも、見回すと二十代らしい顔もある。三十代、四十代ならともかく二十代から婚活をする人がいることにも驚かされた。ただし、さすがに五十歳の自分より年上の気配はない。

女性の母親と自分が同い年と知り、申し訳ない気持ちになる

「皆さんおはようございます！」

女性スタッフが明るい声で挨拶をする。

「おはようございまーす！」

全員が元気に返事をする。

いい雰囲気でツアーはスタートした。

ふと小学生時代の臨海学校を思い出した。あの時も、その後に戻してしまうとはつゆほども思わず、バスガイドさんに元気いっぱいで挨拶したものだ。

「本日は『お見合い婚活バスツアー♥イチゴ狩りと牧場キラキラウィンターファーム♥』にご参加いただき、まことにありがとうございます。さっそく隣の席の方との会話をスタートしていただくわけですが、連絡先を伝えるカードを書き終えていない方も多い様子なので、あと十分だけ記入の時間にしますね」

スタッフが話しているうちに、バスは首都高に入る。路面はがたがた。左からも右からも合流があり、カーブも多く、バスは何度も車線変更をくり返す。この環境でカードに記入するのは大変だ。蛇がのたうつような文字になり、自分でも読めない。乗り物酔いする人も出るだろう。

隣の席の女性はまじめそうな会社員だった。二十七歳だと言う。こちらより二十歳以上若い。娘でも不思議でない年齢だ。

「会話をする一人目からいきなりジサマでごめんね」

ぺこりと頭をさげる。

「いえ。父より年下ならば、十分に交際対象内です」

お世辞だったとしても嬉しいコメントだ。

「お父さんはおいくつですか?」

「五十九です」

「よかった……」

「ちなみにお母さんは?」

「五十です」

「……」

再び申し訳ない気持ちになった。

彼女のほかにも二十代の女性は五、六人参加していた。その中には二十代前半の女性もいた。二十代から婚活を行う時代なのだ。

二十代前半は恋愛も仕事もまだまだ夢を持って暮らす時期だと思っていた。婚活はオジサンやオバサンのものだと思っていた。彼女たちは日常生活の中の自然な交流の中から恋人を見つけ、恋愛の延長線上に結婚があるとは考えないのだろうか。

「婚活」という言葉は「就活」から生まれたという。就職活動をしなければ就職ができないのと同じように、結婚活動をしなければ結婚できない世の中になったために、婚活が盛んに行われるようになった。

日本の景気の悪化にともなって、就活は大学四年生から三年生へ、年々前倒しになっていった。それと同じように、婚活も三十代から二十代へと前倒しされているのだ。

酔い止めの薬を持参しよう

バスの中では男性が一つずつ席を移動し、プロフィール用紙を交換し、次々と婚活トークを行っていく。

プロフィール用紙にある項目は、名前、年齢、住まい、血液型、家族構成、一人暮らしか家族同居か、飲酒、喫煙、婚歴、子どもの有無、趣味、特技、食べ物の好き嫌い、好きな異性のタイプ、好きな映画、自分の性格、休日の過ごし方、デートしたい場所、自己PR……など。

婚活トークがスタートしてから意外に感じたのは、参加しているほとんどの女性が自分の連絡先を教えてくれることだ。電話番号ではなくメールアドレスだったとしても、初対面の相手に連絡先を教えるのはためらわれる。でも、どの女性も躊躇《ちゅうちょ》なく連絡先を記したカードをくれたことには感激した。

出発して三十分ほどすると、案の定、数人の男性が乗り物酔いを訴え、婚活トークのラインからはずれ、後方の空いている席へ移動した。走っているバスの中で立ったり座ったりして席を移動する男性参加者は女性よりも負担は大きい。心配な人は酔い止めの薬を持参するべきだと思った。

ホテルでのランチはくじ引きで席が決められた。自己紹介をしながら盛り上がるテーブル。シーンと静まり返って食事をしているテーブル。メンバーによって落差は大きい。

このランチタイムあたりから、そろそろ参加者同士が打ち解けてくる。イチゴ農園、高原の牧場では、気になる相手に接近して積極的に会話をする様子も見られた。消極的な参加者に対してはスタッフが何気なくフォローしている。気になる相手をそっと聞き出して、会話のチャンスを作っているようだ。

女性は二十三歳から四十二歳まで参加していた。男性は二十代が数人で三十代から四十歳前後までまんべんなくいた。

参加者の中でも五十歳は圧倒的最高齢なので、最初は自分が社会科見学を引率する学校の先生のように感じたが、時間が経つとともに年齢などどうでもよくなってきた。それに、女性も男性も圧倒的年長者に対しては無防備に接してくる。

ならばそれを逆手にとって、たとえ相手が自分の半分の年齢だったとしても積極的にコミュニケーションをとるようにした。

婚活バスツアーは体力勝負だ。夕方あたりになるとかなり疲労してくる。疲れると会話への集中力が維持できなくなる。それでも、バスの中で睡眠をとる時間は与えられない。前夜に十分に眠らなかったことが悔やまれた。

男女各十七人参加したこのイチゴ狩り婚活バスツアーでは、最終的に六組のカップルが生まれた。自分はというと――残念な結果だった。

解散は午後九時。予定では八時だったが、渋滞で遅れたのだ。まる一日ともに過ごしたことで連帯感が芽生えた参加者同士で二次会が企画されたが、そちらに参加するスタミナは残っていなかった。

絶滅してはいなかった肉食系男子

婚活バスツアーのメリットは長い時間をともにすることだ。

容姿に恵まれている、もしくは年収や学歴などスペックがいいならば、短時間の婚活でも十分に成果が上がるだろう。しかし、そうでなければ、会話やふるまいによって好意を持たれなくてはいけない。それを考えると、トータル二時間で一人と数分しか話せない婚活パーティーで、いわゆる〝イケメン〟と並んだら、勝負にならない。しかし、婚活バスツアーならば、女性と直接話している時間だけでなく、集団の中でのふるまいや気づかい次第で好印象を持ってもらえる。

まる一日過ごすと、誰でも本性があらわになる。気づかいのなさや無神経な言動もしてしまうだろう。しかし、それがツアーならば、挽回の時間も残されている。

さらに、都心から離れ自然の中に身を置くことで、参加者の気持ちは無防備になりやすい。おたがい気を許すからこそ、連絡先も教えてくれる。

実際にイチゴ狩り婚活バスツアーの後に三十二歳・会社受付と、三十七歳・営業職の二人の女性と連絡をとり合い、あくまでも友達関係の領域だが、後日食事をともにした。そのうちの一人はイチゴ農園で頬についたコンデンスミルクを指摘してくれた女性だ。無邪気に無防備にイチゴ狩りを楽しんでしまったことがはからずも吉と出た。

彼女たちによると、婚活バスツアーに参加していた男性は、草食系と肉食系両極端だったという。草食系はバスツアーを通して純粋にコミュニケーションを楽しみ、その延長線で交際を求めるタイプだ。

その一方で、果物狩りに参加するとは思えないような肉食系も何人かいたという。彼らはツアー当日の夜から毎日のように連絡をしてきたそうだ。

「今日にでも会いたい！」

「毎日君の夢を見てしまい切なくてつらい」

「僕は最初のデートから必ずお泊まりするつもりだから」

ケータイメールで、電話で、連日口説いてきたという。

「最初は新鮮だったけれど、強烈過ぎて……。たぶん誰にでも同じ口説き方をしているんだろうな、バスツアーもナンパ目的だったんだろうな、と思ったら覚めちゃった」

受付嬢は彼と会話をするだけでぐったりと疲労したという。

また、バスツアーはまる一日婚活イベントだけあって、サービスエリアやホテルのトイレで並んで用をするときなど男性と話す機会も多く、その人脈で合コンも行った。こうした人間関係が生まれるのもバスツアーだからこそだ。

そんなイチゴ狩りに味をしめて、翌月には同じく男性四十二歳上限のミカン狩り婚活バスツアーにも参加した。

参加人数は、男性十五人、女性十五人、計三十人。イチゴ狩りが房総半島だったのに対し、ミカン狩りは伊豆半島。ミカン狩りの後には縁結びの神社に寄るスケジュールだった。

しかし、イチゴ狩りとミカン狩りは似て非なるツアーだった。イチゴ狩りは狩るのも食べるのも楽しいが、ミカン狩りは夏ミカンだったこともあり、盛り上がりに欠けた。酸っぱい夏ミカンはそんなに多く食べられるものではない。しかも、木からもいで、外皮をむいて、内皮をむくため、プロセスが多くてめんどうだ。目的は婚活。そこで行うのがイチゴ狩りだろうがミカン狩りだろうが関係ないと感じるかもしれない。しかし、実はそういうものでもない。ツアーの内容が楽しくないと、参加者全体のテンションが上がらないものだ。

◎婚活バスツアーの概要

参加料金

男女とも一万～一万五〇〇〇円

持参するもの

・写真付き公的身分証明書、筆記用具

・乗り物酔いの心配がある場合は酔い止めの薬。自分が使わなくても体調を悪化させた人に渡してポイントアップできる

成果を上げるポイント

・36ページのスタンダードな婚活パーティーの「成果を上げるポイント」を確認

・ツアーそのものの内容が楽しそうな企画を選ぶ
・異性と会話をしていない時も常に集団行動を意識し、周囲に気を配る。同性にも気をつかう
・男性の場合、パーキングエリアやランチをとるホテルでは、可能な範囲で気前よくふるまう
・前夜はしっかり睡眠をとり、ツアー中は疲れても眠らない
・できるだけたくさんの参加者と連絡先を交換する。ツアー中に仲よくなれなくても、後日交流できるかもしれない。また友達を紹介してくれることもある
・ツアー後も、脈がありそうな相手には積極的に連絡をする。ただし、レスポンスがない場合は潔くあきらめる

中高年限定婚活バスツアー

男女の心の距離が接近するのは必ずしもハイテンションな環境ではない

低テンションの二組のカップル

「どうして僕を選んでくださったのでしょう?」

「もう少しお話してみたかったので……。でも、どうして私を?」

「僕ももう少しお話してみたかったからです」

目の前で男女のペアが会話を交わしている。

「どうして僕を選んでくださったのでしょう?」

こちらも、隣に座る女性に、向かいの男性とまったく同じ質問をしてみる。

「もう少しお話してみたかったので……。でも、どうして私を?」

隣の女性も、向かいの女性とまったく同じリアクションを返してくる。

「僕ももう少しお話してみたかったからです」

こちらも答えは同じだ。

四人が顔を見合わせて笑った。

週末の夕刻、カジュアルなイタリアンレストランの奥まったテーブルで、まるで素人劇団のコントのようだ。

この日は朝から婚活バスツアーに参加していた。食事をする二人の女性、ミズキさんとヒトミさんはどちらも四十三歳で友達同士。同じ総合商社に勤めている。こちら男組は、彼女たちそれぞれとツアー終了時にカップル成立した二人だ。男同士は初対面。友人関係ではない。

まる一日を団体で過ごすこの婚活バスツアーでは、その終盤に、専用の用紙にもう一度会って話をしたい相手を記入してスタッフに提出する。集計の結果、男女おたがいが選び合うと「カップル成立」としてそれぞれに伝えられる。

食事をする二組のカップルはどちらもツアー中に意気投合して盛り上がったわけでは

ない。むしろほとんど接触はなく、一日を過ごしてなんとなく印象がよかった相手を書いたら、おたがいの選択が一致してしまったのだ。

「えっ、本当にカップルになってしまったんですか？　ありがとうございます！　でも、どうしたらいいんでしょう？」

というのがおそらく四人に共通した感覚だった。

「せっかくの縁なので、食事をして帰りましょう」

という程度の関係なので、誰もがテンションは低めだ。

男たちの後頭部に哀愁がただよう

バスツアータイプの婚活はすでに体験ずみだった。イチゴ狩りとミカン狩りである。しかし、今回は過去に参加した二回とは参加条件が違っていた。中高年限定で、参加年齢枠は男性は四十～五十五歳、女性は三十五～五十歳。

イチゴ狩りやミカン狩りの時は、年齢の上限が四十二歳だった。五十歳の自分は対象外だったが、ダメモトで申し込んだら断られなかった。ただし、ツアー中はうしろめたさを感じながら行動していた。その点、今回は堂々と参加できるツアーだ。

出発は朝八時に都心のターミナル駅。集合はその十分前。五時半起床で六時半に家を出なくては間に合わなかった。スタートから朝に強い年寄りを想定した時間だ。

参加人数は、男性二十人、女性二十人で、計四十人。バスの中の雰囲気はどこかの商工会の慰安旅行のようだ。ただし、うきうきした感じはない。人生の後半に差しかかった集団ならではの落ち着いた空気だ。そろそろ初老になろうかという年齢の参加者もいるが、バスの中に加齢臭は感じなかった。自分の臭いもそっと嗅いでみるが、判別はできない。

各座席には男女がペアで座っている。指定された席に座ると、自分より前の座席の背もたれの上にいくつもの後頭部がのぞいている。男の後頭部はどれも白いものが混ざっていて哀愁を感じる。女性の髪が黒々としているのは、染めているからだろう。

参加者に共通するのはサイズが大きめの服装であることだ。ほとんどの男女はつくところに肉がついているので、体形がわかりやすい服は避ける。もちろん自分もその一員だ。

この〝黄昏《たそがれ》バスツアー〟の目的地は箱根。テーマはパワースポット。箱根神社をはじめ三つの神社で良縁を祈願しながら婚活に励むという趣向である。

その流れは次の通りだ。

① インターネットか電話で申し込む
② 正式な申し込み用紙、直筆のサインをする参加誓約書、バスツアー中の婚活トークで使うプロフィール用紙が送られてくるので、すべて記入して当日にのぞむ
③ 当日朝、都心部のターミナル駅近くで集合。バス乗車前に運転免許証やパスポートなど写真付き公的身分証明書を提示。乗車してすぐに②の各種書類を提出する
④ 出発。バスでは男女が並び、男性は女性全員と、女性は男性全員と、プロフィール用紙を交換しながら一人につき三～五分の会話を行う
⑤ 現地の観光ホテルで④の続きを行う
⑥ 同じホテルの別室へ移動し、昼食をとりながらフリートーク。席はくじ引き
⑦ 三つの神社を順次訪れ、良縁を祈願する

⑧ ツツジの庭園を散策
⑨ 帰りのバスの車内は自由席で、気に入った相手と会話を楽しむ
⑩ 気に入った相手を記入した用紙をスタッフに提出。集計の後、結果が発表される
⑪ 夜、出発地と同じ場所で解散

スケジュールを確認し、三つも神社を訪れて罰が当たらないのか。〝三股〟もかけて願いがかなうのか。不安がよぎったが、気にしないことに決めた。

たんたんと進行していく中でも男女は仲よくなる

バスが首都高に乗り、男女隣の席同士一対一の会話が始まると、数人が乗り物酔いを訴える。がたがたくねくねの道を走るバスの中で、頻繁に席を移動しながらのトークだ。その間に話をした相手のスペックや印象などのメモをとる。気持ちが悪くなっても不思議ではない。

ざっと眺めたところ、男性は四十～五十代後半が集まっている様子だ。女性は三十代

後半〜五十代前半だった。年齢が高いだけあって、離婚歴のある人、子どもがいる人も珍しくない。二十九歳の子を持つ四十九歳の女性もいた。子どもがすでに婚活する年齢だ。

「皆さん、会話の際は、よっぽどお嫌でない限り、おたがいの連絡先を交換してください。できれば全員と交換してください。ツアー中に仲よくならなくても、後日連絡をし合って交際に発展するケース、たくさんあります。お友達を紹介し合うケース、たくさんあります。少しのチャンスも逃さないようにしてください」

四十代の女性婚活ツアースタッフがきっぱりと言う。

「初対面の人にメールアドレスを教えることが不安な方もいらっしゃるでしょう。でもね、変なメールが来たら着信拒否設定すればいいんです。それでも、何かしらしつこくされるようなことがあったら、私どもの会社にご連絡ください。参加者全員の連絡先はいただいているので、こちらで後の処理はいたします」

スタッフによると、過去にトラブルが起きたことは一度もないそうだ。

このツアーは参加者の年齢が高いせいか、箱根に着いても浮《うわ》ついた雰囲気はない。ほかの旅行客たちと同じように神社を参拝し、境内の池で暮らす、人に慣れたカモやアヒルと戯《たわむ》れている。周囲からは婚活ツアーには見えないだろう。

スタッフは四十代と二十代の女性二人だが、参加者たちが超大人であるせいか、この段階では必要以上に干渉しない姿勢を貫いている。

やっかいなのは、神社やツツジの庭園に放たれると、婚活ツアー参加者と非参加者の区別があいまいになることだ。箱根は日本有数の観光地。週末は日本全国から観光客が集まる。さらに、アベノミクスによる円安の影響なのだろう。外国人も大挙して訪れている。英語、中国語、韓国語があちこちで飛び交っている。とにかく大変な人込みだ。

特にツツジの庭園はいけない。ツアーの中に気になる女性がいたとしても、庭園いっぱいに咲き誇るツツジで見通しが悪く、目当ての相手を見つけることもできない。しかたがない。婚活は半ば放棄の状態で休憩エリアらしき場所に陣取り、プリンやら、ヨモギメロンパンやら、ラスクやらを買い込んでほおばっていた。

それでも、やはり婚活ツアーには手練《てだ》れはいるものだ。厳しい条件下でも仲よくなった参加者同士の男女が何組か目の前を通り過ぎていく。

「さっきまではみんなやる気なさげだったのに、いつ仲よしになったんだ⁉」

「この人込みの中でどうやって相手を見つけたんだ⁉」

あっけにとられて、彼らを見送る。

仲よく写真を撮り合う見覚えのある男女もいた。

「あの……、シャッター押しましょうか？」

つい親切心が芽生えて、ツーショットの写真を撮ってさしあげた。

「そんな、人の撮影をしている場合じゃないでしょう。自分がしっかり頑張ってくださ
い！」

それまでどこにいたのか、いきなり現れた婚活ツアースタッフの女性にいさめられる。

ごもっともだ。この婚活ツアーも終盤、スタッフの言葉に目が覚め、開き直ってラストスパートをかけることにした。陣どった休憩エリアにツアー参加女性が通ったら、誰とは言わず次々と特産のプリンやアイスクリームをご馳走した。

驚いたのはバスに乗り込もうとした時だ。帰りのバスは自由席。ツアー中に気になった相手を誘い並んで座るルールになっていたのだが、それまでおとなしかった男性参加

者たちが目当ての女性をがんがん誘って座席に着いていく。

うかつだった。油断していた。慰安旅行モードで一日を過ごしたために、無策なままバスに乗り込んでしまったのだ。しかたがなく、二人掛けの座席に一人で座ると、またツアースタッフがやってきた。

「何やってんですかあ！」

あきれ笑いで手を引かれ、後方の席でやはり一人で座っていた女性の隣へ移動させられた。

「十代や二十代じゃないんだから、気になった相手をもっと積極的に誘わなくてはいけません！」

スタッフは言うが、十代二十代じゃないからこそ、いいオッサンやオバハンだからこそ、いろいろ考えて積極的にいけないのだ。


プリンとアイスクリームの無差別配布が奏功した⁉

バスは夕方の渋滞を避け、ぐんぐん都心へ近づいていく。彼方に新宿のビル群が見えてきた頃、ツアーで最終的に気に入った相手を専用のカードに書いて提出する時がやってきた。

しかし、ぽわーんと一日を過ごしてしまい、特に親密に話した女性はいない。

悩みに悩んで選ばせていただいたのがミズキさんだった。ミズキさんとヒトミさんは友達同士でどちらも気持ちのよい女性だったが、ミズキさんはプロ野球の阪神タイガースのファンで、ヒトミさんは横浜ＤｅＮＡベイスターズのファンだった。自分自身はタイガースファンなので、ミズキさんのほうが話は合うと思った。

以前、短期間だが、中日ドラゴンズファンの女性と交際したことがある。読売ジャイアンツは好きでないが、ドラゴンズに対してネガティヴな感情はない。だから、気にしなかった。しかし、考えは甘かった。ドラゴンズもタイガースと対戦する。当然、どちらかが勝って、どちらかが負ける。すると、なんとなく関係がぎくしゃくするのだ。

ツアー参加者の中でなぜこの二人に好感を持ったのか──。それはたたずまいだ。参加者の大半が体形をごまかせるだぼだぼの服を着ていた中で、二人はサイズがぴったりのシャツにスリムタイプのデニムのパンツをはいていた。周囲の目を気にして働く緊張感ある生活がイメージできた。

ミズキさんがこちらを選んでくれた理由は、ツツジの庭園で参加者の女性たちに無差別にプリンやアイスクリームをふるまっていたことらしい。帰宅後、彼女のほかに三人の女性から〝お礼メール〟をもらったが、そのすべてにツツジの庭園でご馳走したことが書かれていた。

参加者が四十人もいると、一日ではなかなか名前と顔を憶えてもらえない。男二十人は全部が似たようなオヤジだ。ただし、その中でちょっぴりでも違う行動をとると、それだけで差別化され脳に記憶してもらえることを学んだ。

この日の中高年限定婚活ツアーで誕生したカップルは五組。しかし、どのペアもなんとなくテンションが低めだ。ほかのペアもなんとなくカップルになってしまったのかもしれない。高齢者の特性なのかもしれない。

「皆さん、今日この穏やかーなツアーの中から五組もカップルが生まれるなんて、意外だったんじゃないでしょうか。でも、仲よくなる人はしっかり仲よくなっているんですよー」

婚活ツアースタッフはそう言ったが、おそらく彼女自身、このテンション低めの集団から五組もカップルが誕生したことを意外に感じたのだろう。

ツアーの翌日、ミズキさんを食事に誘うメールを送ってみた。すると、求めていた内容とは違う内容のレスポンスが届いた。

「今度ぜひ飲み会をやりましょう！」

そう書かれていた。

「えっ、飲み会？　デートじゃないんだ……」

がっかりした。

◎中高年限定婚活バスツアーの概要

81ページの婚活バスツアーの概要を参照

婚活ハイキング

心身ともに健康な相手と出会いたいならば、身体を動かすイベントに参加しよう

小学生時代の遠足の記憶がよみがえる

新宿から約二時間。婚活ハイキングのコースであるＪＲ青梅《おうめ》線沿線は、そこが東京都とは思えないほど輝くような緑に包まれていた。

ハイキングのスタートは週末の昼過ぎ。集合場所は沿線の駅前広場。青梅線の奥多摩駅まで行く路線は一時間に二本しかないため、ほとんどの参加者が同じ電車でやってくる。

Ｔシャツ、デニムのパンツ、スニーカー、トートバッグの街歩きスタイルの参加者もいれば、登山服、リュック、登山靴の本格的登山スタイルもいる。婚活ハイキングの定

員は男性二十人、女性二十人、計四十人だ。

山歩きの婚活だけあって、男女とも肥満体形はいない。おそらく、体力に不安がある参加者もいないだろう。健康な相手と出会いたければこれに参加すればいいと思った。

また、参加者はみんなまじめそうだ。街の婚活パーティーには必ず何人かナンパ目的らしい男性がいるが、さすがにハイキングにはそういう輩《やから》はいない。天気のいい週末を一日使って山を歩くナンパ男はそうはいないだろう。

さらに、汗をかくイベントなので化粧の濃い女性もいない。素顔に近い女性と会話ができるのもこのイベントの魅力だ。スタッフは男女二名。駅前広場で立ったまま受付をすませると、場所を移動して男女二列縦隊で並ばされた。

「はい、皆さーん、男性女性それぞれ番号順に二列に並んでいただけますかー！」

澄んだ空気の中、腹話術師を思い起こさせる男性スタッフの声が響く。号令に従って並びながら、ふと小学生時代の遠足の記憶がよみがえった。

この婚活ハイキングは実にシンプルなイベントだ。

①　インターネットで申し込む
②　当日、現地での受付時に参加費を支払い、参加者名簿を受け取る
③　男女一対一で会話をしながら、二列縦隊で渓谷を約四キロ歩く
④　会話は一人につき約五分で、全行程を歩き終えると、男性は女性全員と、女性は男性全員と会話をすることになる
⑤　気に入った相手には、一対一の会話中、またはハイキングを終了して解散時に各自連絡先を交換する

山道を歩きながらの婚活イベントなので、プロフィール交換はない。名簿で相手の名前を確認するくらいだ。年齢も、職業も、住まいも、すべて会話の中で質問しなくてはいけない。

スタッフ女性に声をかけたら怒られた

ハイキングがスタートすると、自分たちがかなり異様な集団だと気づいた。まず、二

列縦隊男女四十人の集団などほかにはいない。その全員が会話を行っているので、ものすごく騒々しい塊《かたまり》がのどかな山道を進んでいく。しかも、不意に止まって会話を中断し、パートナーを替える。すれ違う人たちは何かの新興宗教だと思っただろう。スタート地点からしばらくは自動車も走る国道を歩くのだが、真っ黒に日焼けをした地元のオジサンたちがガードレールに腰かけて不思議そうに眺めている。

しかし、そんな恥ずかしさも女性との会話をしているうちに失せていく。歩くことに神経をつかうので、必死に話をしないと相手にいい印象を残せないからだ。山の急な勾配にさしかかると、呼吸が荒くなり、声がとぎれとぎれに。吊り橋にさしかかると、ほぼ無言に。ポロシャツがしっとりと湿ってくるが、運動の汗なので気持ちがいい。

全長わずか約四キロを四時間もかけて歩くので運動量はさほどでもない。それでも、必死に会話をするので、カロリーは消費するはずだ。

男性の場合、全女性と会話をするわけだが、その間一度だけスタッフの女性と並んで歩く時間帯があった。女性参加者に一名病欠が出たために、その埋め合わせにスタッフが加わったのだ。

「この一回も一対一の婚活トークにカウントされますか?」

並んで歩く彼女に確認した。

「えっ?」

「つまり、口説いてもいいんでしょうか?」

「私のこと、口説くんですか⁉ 私、イシガミさんの娘くらいの年齢ですよ」

聞いてみると、確かに自分の半分以下の歳だった。

「あのお……、では、お友達にオヤジマニアの女性はいませんか?」

「ううーん……。私には心当たりはありませんが……」

「では、思いついたら紹介してください」

そう言って連絡先を手渡した。わずかなチャンスも無駄にしてはいけない。

緑の樹々、川のせせらぎ、鳥のさえずり……。自然の中を歩くというシチュエーションがそうさせるのか、会話を交わした女性全員が気持ちよかった。ただし、あまりにも健康的なために、それが婚活イベントであることをつい忘れてしまう。山歩きを終え駅前広場に戻った時は健全な充実感を覚え、「今日はこのまま誰とも知り合えずに帰ってもいいかな」と思ってしまったほどだ。

「はい。皆さん、今日はご参加いただき、ありがとうございました。ここで終了です。気になる方がいらしたら、連絡先を交換してください」

腹話術師声の男性スタッフが婚活ハイキングの終了を告げると、全体がざわついた。参加者はみんなどうしたらいいかわからなくなったのだろう。駅前でどさっと四十人放置されても、連絡先交換などやりづらい。上った梯子《はしご》を外された気分だ。

「もしくは皆さん、誘い合わせて二次会を行ってはいかがでしょう」

腹話術師が言うが、どこで二次会をやれというのだ。周囲は山と川ばかりで、店といえば雑貨屋と団子屋くらいしかない。

半ばあきれつつ駅舎に入り時刻表を確認すると、都心へ向かう電車の発車が五分後に迫っていた。電車は一時間に二本しかない。山は夜の訪れが早い。まさか遭難することはあるまいが、次の電車での帰宅を決めた。

速足で改札を抜け、すでにホームで待っていた電車に乗りシートに落ち着くと、同じ判断をした女性参加者が数人乗ってきた。幸運だった。彼女たちを誘い、一緒に電車で都心まで行き、山歩き後の健全な食事会を楽しんだ。

さて、その二日後のこと。婚活ハイキングを企画した会社から突然メールが届いた。携帯電話へのショートメール。送り主は腹話術師の名前だ。

「本日はお伝えしたいことがありご連絡いたしました」

このくだりを読み、参加女性の誰かが自分との再会を希望してくれて連絡が来たのではないかと期待した。ところが、続く内容はまったく違っていた。

「女性スタッフより報告を受けましたが、スタッフへのアプローチは厳禁です！　今回はご忠告ですが、もう一度そういった行動があったら、弊社としては今後のご参加をお断りいたします」

かなり怒っている。セクハラをしたわけでもないし、デートを強要したわけでもないし、そんなにむきになることなのか——とは思ったが、ここは反省し、謝ったほうがいい。若い女性スタッフを〝スケベオヤジ〟の魔の手から守らなければいけないという腹話術師の正義心なのかもしれない。

「すみません。確かに〝お友達を紹介してください〟とお願いしました。理解不足でした。もうしません」

すぐに謝罪のレスポンスを送信した。予期せぬ結末の婚活ハイキングになった。

ところで、あまたある婚活イベントの中で、この婚活ハイキングはもっとも利益率が高いイベントではないだろうか。山歩きなので、主催者側に会場費はかからない。現地集合なので、飲食も交通費も参加者の自己負担。スタッフの二人の交通費と人件費でほぼ開催できる。ガッポガッポだと思った。

◎婚活ハイキングの概要

参加料金

男女とも五〇〇〇円前後

持参するもの

・山歩きしやすい服装
・水
・タオル

・雨具
・ひと口サイズのお菓子
・特に女性は日焼け止め

成果を上げるポイント

・山道では、男性は女性の荷物を持つ
・お菓子は一つずつ袋詰めされているチョコレートやビスケットなど甘いものを余分に用意して、みんなに分ける

婚活クルージング

ロマンティックなイベントには
ロマンティックな出会いが待っている

美しい景色に助けられてカップルが誕生していく

パーティールームにたっぷりの夕陽が注ぎ、四十人の参加者たちの笑顔を赤く染める。婚活クルージングのクライマックスのサンセットパーティーは最高潮だった。

ロマンティックな演出に女性参加者たちのテンションが上がりに上がる。女性たちのテンションが上がれば、連動して男たちのテンションも上がる。

ビール、ワイン、ソフトドリンクと軽食が用意された各テーブルは盛り上がり、やがてグラスを手にそれぞれ自分が気になる相手に近づいていく。すでに、五、六組のいいムードのカップルができ上がっている。デッキへ出て流れていく景色をバックに写真を撮るペアもいた。

では、自分自身はどうかというと――。収穫はまったくなしだ。

責任は自分にある。このクルージングパーティーの参加者は男女とも二十代と三十代がほとんど。四十代前半の男性が二、三人。一人だけジサマの五十代だ。

その状況は参加前からわかっていた。それでも、「今回も年齢のハンデはノリで打ち破ればいいさ」と思っていた。

しかし、うまくいかなかった。疲労でもう一歩の頑張りがきかない。この日は寝不足がたたり、婚活への活力が残されていなかった。前夜は仕事関係の会食。行かなくてもいい二次会、三次会まで参加したことが悔やまれた。明け方に帰宅して、仮眠をとっただけ。この期に及んでなお婚活を甘く見ていた。

クルージングパーティーでは、周囲が最高潮の中、置いてきぼりの気分だ。

仕事も、遊びも、婚活も、いい準備をしておかないことにはいい結果は得られないものだ。

長時間をともにすることで警戒心が解かれる

婚活クルージングにはいくつかのスタイルがある。船上で二時間前後のスタンダードな婚活パーティーを行うもの、大人数の立食パーティーを行うもの……など。乗船は横浜、芝浦、神戸などだ。

そんな中から選んだのは、〝陸上〟で午前から婚活をスタートし、午後から乗船して約二時間のクルージングで終わるスタイルのパーティーだった。

流れは次の通りだった。

①　インターネットか電話で参加を申し込む

②　正式な申し込み用紙、直筆のサインをする参加誓約書、ツアー中の婚活トークで使うプロフィール用紙が送られてくる。すべて記入して当日にのぞむ

③　当日、都内のホテルに集合。②の各種書類を提出し、運転免許証やパスポートなど写真付き公的身分証明書を提示する

④　ホテル内のバーで、男性は女性参加者全員と、女性は男性参加者全員と、一対一の会話を行う。会話時間は一人につき三〜五分

⑤　ホテル内のレストランでブッフェスタイルの食事。席はくじ引きで決める

⑥　休憩をはさみ公共交通機関を利用して桟橋へ移動

⑦　クルーズ船で東京湾の景色を楽しみながら約二時間のパーティー

⑧　パーティーの終盤に気に入った相手を書いたカードをスタッフに提出。その結果が発表される

ホテルで婚活トークをしている時間帯はあわただしい。時間に追われながら会話をくり返していく。また、都内のホテルのレストランでうろうろしていると、知り合いに会いそうな気がして、ついきょろきょろと周囲を見回してしまう。肝心の婚活になかなか集中できない。

しかし。後半、乗船してからは一気にいい雰囲気になっていった。この時すでに三時間以上一緒にいるので、みんな顔なじみの気持ちになっている。

二時間ほどのスタンダードな婚活パーティーも効率的でいいが、時間が許せば婚活クルージングや婚活バスツアーや後述するお料理婚活のような男女が長い時間を共有する婚活ツールは、おたがいへの警戒心が解きほぐされ、いいパートナーを見つけられるのだ。

婚活クルージングの強みは「ロマンティック」だ。男性は女性と比べるとロマンティックだ。女性は現実的だが、ロマンティックが好きだ。だから、海の上で行う婚活クルージングは気持ちが高揚する。

この日のサンセットパーティーでは、隣のパーティールームで船上の結婚式が行われていた。タキシードとウエディングドレスの新郎新婦がロビーで来客たちに祝福されていた。婚活クルージングを盛り上げるにはこれ以上ない演出になっていた。

◎婚活クルージングの概要

参加料金

男女とも八〇〇〇〜一万五〇〇〇円

持参するもの

・写真付き公的身分証明書など

成果を上げるポイント

・36ページのスタンダードな婚活パーティーの「成果を上げるポイント」を確認
・クルージングだけではなく、会話時間の確保や会話相手をチェンジするシャッフルなど、婚活そのもののプランが充実している会を選ぶ
・カジュアルな服装は避ける
・船酔いに備えて酔い止めの薬を持参する

ランチ婚活

せわしない席替えがかなり恥ずかしい
パーティーは運を天に任せることになる

レストラン中の視線が婚活テーブルに集中

週末の午後、都内・恵比寿のスパニッシュレストランはやや遅めのランチをとるカップルでにぎわっていた。そこに一つだけ、明らかに雰囲気の異なるテーブルが用意されていた。ランチコースを食べながら婚活をするための予約席だ。

そのテーブルは誰が見ても奇妙だ。四人掛けのテーブルが多い店内で一つだけが十人で、全員が同じ料理を食べている。さらに、せわしなく席替えをする。

そこが集団お見合い的な何かであることをおそらくほかのすべての客は察していただろう。周囲からのさげすみの目線を浴びながら、それでも男女各五人、計十人の参加者は婚活トークを行った。

①　インターネットを通して申し込む
②　参加費の支払いもインターネットを通してクレジットカード決済
③　当日、レストランに集合
④　スタッフの指示に従いプロフィール用紙に、名前、年齢、職業、趣味……などを記入
⑤　参加者は二つのグループに分けられ、男女同数でグループトーク
⑥　男性が席を移動し、⑤とは違うメンバーでグループトーク
⑦　再び席替えをして食事をしながらグループトーク

これが全体の流れだ。

このランチ婚活への参加は、レストランに入った時から失敗したと思った。なにしろ会場は週末の恵比寿だ。レストランはものすごく込んでいる。その中にぽっかりと異質

な広いテーブルがあれば、当然注目される。店内を埋めるふつうの客の中に知り合いがいないことだけを切に願った。

参加者は皆同じ気持ちだったに違いない。続いてやってくる誰もが「えっ⁉」という表情を見せた。会食系の婚活は個室でない限り参加してはいけないことを学習した。

なんと放置プレイ！

婚活会社のスタッフは一名。二十代後半の女性だ。よりによって、かなりかわいい。ランチ婚活に参加している五人の女性の誰よりも圧倒的にかわいい。しかも、若い。

「彼女が参加者だったら、この悪条件でもテンションが上がるのに」

心の中でつぶやく。自分以外の男性参加者もちらちらと彼女を見ている。

このランチ婚活、当然、前半のグループトークから盛り上がらない。置かれている環境が恥ずかしいだけでなく、なかなか食事が出てこないため、空腹で血糖値が下がっていくのを感じる。昼過ぎのレストラン。周囲はみんな食事をしている。いい香りがただよっている。その中で、水だけしか与えられずに会話を続けるのはつらい。お腹が鳴るのを抑えることができない。

グループトークを終えた後半の状況はさらにひどかった。ようやく目の前に食事が運ばれてくると、参加者全員が婚活よりも食欲を優先させた。

しかも、なんと食事のスタートのタイミングで女性スタッフはその場を立ち去った。

「では、私はここで失礼しますので、あとは皆さんご自由に会話を楽しんでください」

えっ、帰っちゃうんですか！　放置プレイですか？　参加者全員驚きを隠せない。

「十分くらいで席替えをして、参加者全員とまんべんなく会話を楽しんでくださいね。食事のお会計はすませてありますので」

去り際にさらに付け加えて、参加者たちを唖然とさせた。食事の会計がすんでいるなんて当たり前だ。このランチ婚活の参加費は男女とも一人八〇〇〇円。目の前に並ぶ料理はどう見積もっても一人二〇〇〇円ほどだろう。

「これからどうしますか？」

残された十人が顔を見合わせる。置かれたシチュエーションはかなり恥ずかしい、会話は盛り上がらない、挙句の果てに放置された。自分たちがいる状況を笑うしかない。

一人だけ、「かわいいなあ」「もう少しお話したいなあ」と思った女性がいたが、彼女はよりによって一番遠い席で食事をしている。

「さすがにこれ以上席替えするのは、よくないですよね……。店の雰囲気を乱していますし」

何気に確認をとると、そこにいる参加者一人残らず大きくうなずいた。

実際に、ほかの客だけではなく、このテーブルはレストランのスタッフからも冷ややかな目で見られていた。

「今日ここで体験したことは運命だと受け入れて、あとはふつうに食事をして解散しましょう」

この意見には全員が賛成した。誰もがもはやこの場に長居したくなかったのだ。

はじめに、でも書いた通り、二〇〇七年に「婚活」という言葉が生まれて以降、結婚ビジネスが活発化し、この業界の企業が増えた。競争の原理によって劣悪な婚活パーティーは淘汰されていった。

それでも時々このランチ婚活のような〝欠陥商品〟と出会うこともある。

◎ランチ婚活の概要

参加料金

男女とも一万円前後

持参するもの

・写真付き公的身分証明書

成果を上げるポイント

・36ページのスタンダードな婚活パーティーの「成果を上げるポイント」を確認
・個室で行われる会を選ぶ。ふつうのテーブル席で行われる婚活は恥ずかしい
・料理がおいしそうなパーティーを選ぶ。料理がまずいと会は盛り上がらない
・そこにいる男女全員に気をつかう
・その場で知り合った人を通じて二次会や、後日コンパを行うことも想定してふるまう

お料理婚活

男女が手を携えることで絆《きずな》が生まれる
将来の予行演習につながるかも

顔を引きつらせる二十代保育士

目の前に座る女性の表情が引きつっている。年齢はおそらく二十代前半だろう。「クルミ 保育士 読書」と書かれた名札を胸につけている。これは順番に、名前、職業、趣味である。参加者全員が会場に入った時にスタッフに言われて先の太いサインペンで記入した。

クルミさんは週末に訪れたお料理婚活でいきなり自分の倍ほどの年齢の男と向き合ってしまい、失望し、どう対処していいかわからなくなっているのだろう。自分の倍ほどの年齢の男というのは、つまり、私だ。

お料理婚活というのは、男女が協力して料理を作ることで仲よくなる婚活イベントだ。クルミさんはいかにも人柄がよさそうな顔をしている。それでも、若さゆえ、戸惑いを隠すことができない。保育士という職業柄、五十代のオヤジという生き物に接する機会も少ないのだろう。このお料理婚活への参加を悔やんでいることは容易に想像できる。

「こんなオヤジが前にいてごめんね。でも、必ずしも僕とペアで料理を作るわけではないみたいだから、心配しないでくださいね」

小声で謝った。

「いえ……、そんな……、心配なんてしていません。よろしくお願いします」

首を左右に思い切り振り否定するが、それでもこちらと目を合わせることはできない。正直な性格なのだ。

この日に参加したお料理婚活の定員は、男性四人、女性四人、計八人。都内のターミナル駅近くにある料理スタジオで、ほぼ毎日行われているらしい。

イベントは、受付から解散まで約三時間だ。

① インターネットで参加を申し込む
② 参加費を銀行振り込みで支払う
③ 当日、会場で免許証やパスポートなど公的身分証明書を提示
④ 参加者全員が自己紹介
⑤ くじ引きで男女四組のペアを作る
⑥ 四組でデザートも含め四種類の料理を作る
⑦ 八人全員で試食
⑧ デザートを食べながら、男性は女性全員と、女性は男性全員と、一対一の会話を約五分ずつ行う
⑨ 最後に男性は女性への、女性は男性への、メッセージカードを記入。スタッフを通して相手に渡される

力を合わせて料理を作ることで仲よくなる

「こんにちはー！　今日はよろしくお願いしまーす！」

やたらとさわやかな男性スタッフの挨拶でお料理婚活はスタートした。真っ黒に日焼けした笑顔は、婚活パーティーのスタッフというよりも、あるいは料理教室の先生というよりも、ＮＨＫの体操のオニイサンに近い。

参加者の自己紹介でわかったことだが、男性は自分をのぞいた三人は全員会社員。女性も目の前に座る保育士のクルミさんをのぞいた三人は会社員で、うち二人は派遣社員として働いているらしい。

自己紹介の時に言わない限りおたがいの年齢は不明だ。料理を作りながら、もしくは婚活トークの時間に察するしかない。

参加者が作るメニューは次の四品だった。

・チキンとトマトのストロガノフ
・カボチャと豆腐のポタージュ
・ロールチキンの照り焼き
・ココアケーキ

この四品をエプロンをした男女四組のペアそれぞれが分担するわけだが、くじ引きの結果、三十代と思われる会社員の女性とチキンとトマトのストロガノフを作ることになった。保育士のクルミさんは三十歳くらいの男性とのペアでココアケーキを担当した。彼女はパートナーと楽しそうに会話をしている。先ほどまでの憂鬱《ゆううつ》な表情がうそのような笑顔だ。

お料理婚活は、婚活が主で、料理が従である。食材も調味料もすでに分量が測られて用意されている。だから、参加者は与えられたレシピの通り作ればいい。スタッフもフォローしてくれるので、よほどのことがない限り失敗はしない。

自分が担当したストロガノフも、野菜や肉を切って、火にかけて、調味料を加えればできてしまう。ペアを組んだ女性と会話を楽しみながら、タマネギ、トマト、マッシュルームを分担して切っていく。

久しぶりに包丁を握った。料理を作るのは気分がいい。仕上げの生クリームを入れて甘い香りがただよってきた時は、仕事では体験できない達成感を覚えた。

共同作業を通して友達と話している気分になる

試食は八人全員で会話をしながら。誰もがささやかな達成感を味わっている様子で、雰囲気はいい。おいしいものを食べるのはそれだけで幸せな気分になる。その雰囲気のままデザートの紅茶とココアケーキを楽しみながらの一対一の会話タイムに入った。

スタンダードな婚活パーティーの場合、おたがい顔も名前も知らない同士でいきなり会話を行うので素性調査のようになりがちだ。しかし、お料理婚活は協力し合って料理を作り食事をした後の会話なので、友達と話している気分になる。

お料理婚活のラストのメッセージカードへの記入では、女性全員にお礼の気持ちをつづった。女性からのメッセージは三枚。そのうち二人は「今度お食事をしましょう」というコメントとともにメールアドレスが添えられていた。

ちなみに、連絡先が記されていなかった一人は料理でペアを組んだ女性。五十代オヤジとペアになってしまったことを内心不運に感じていたのかもしれない。メッセージをくれなかったのは保育士のクルミさんだった。連絡先は教えてくれなくてもしかたがないが、「コメントくらいくれてもいいのに」とは感じた。

お料理婚活の魅力は、まず、男女が力を合わせて料理を作る過程で絆が生まれること。次に、一緒に食事をすることで関係がまろやかになること。そして、比較的少人数で作業をしながら三時間を過ごすことで、参加者の人柄や協調性などが現れること。一人につき二〜三分しか会話をしないパーティーではわからない人間性が見えるのがメリットだろう。また、男性側の立場から言えば、女性の料理のスキルも知ることができる。

お料理婚活にはその後も参加した。二度目の時のメニューは青椒肉絲《チンジャオロース》、麻婆豆腐《マーボードーフ》、春雨サラダ、杏仁豆腐《アンニンドウフ》。三度目は、鶏肉と舞茸とトマトのリゾット、ウインナーの春巻、グリーンサラダ、イチゴとホワイトチョコのマフィン。毎回楽しい会だったが、でき上がった料理がおいしい会のほうが明らかに盛り上がった。

お料理婚活は参加人数が少ない分、一人一人とのコミュニケーションはとりやすい。お料理婚活の場で出会って交際に至った女性はいないが、連絡先を交換することでその後何度かコンパを行っている。

◎お料理婚活の概要

参加料金

男女とも五〇〇〇円前後

持参するもの

・写真付き公的身分証明書
・エプロン（持っている人のみ）

成果を上げるポイント

・36ページのスタンダードな婚活パーティーの「成果を上げるポイント」を確認
・メニューに魅力を感じる会を選ぶ。食事がおいしいと会話がはずむ
・目が痛くなるタマネギのみじん切りや、食器洗いなど、みんなが嫌がる作業は率先して行う
・料理がうまい女性はスキルを思う存分発揮するべきだが、男性は自信があっても、あまり上手ではないようにふるまうほうが好意を持たれる。女性より上手な場合は自粛すること
・異性だけでなく同性ともコミュニケーションをとり、作業を協力し合い、協調性をア

ピールする
・特に試食の時は参加者全員に話を振り、きちんと話を聞く
・できれば空腹な状態で参加して、試食の時はすべての料理をおいしそうに平らげる。まずくても「まずい」と言ってはいけない
・その場で交際相手を見つけられなくても、その後の男女交流の広がりにつながるように、自分から連絡先を渡す

タコ焼き婚活

若くて大食漢が断然有利！
タコ焼きが男女をとりもつイベント

成功するか否かは男性同士の連携が鍵

満腹になった。

満腹がいいのか、よくないのか。婚活のつもりで訪れたパーティーで、動くのもつらいほど満腹になった。

参加したのはタコ焼き婚活パーティー。男性十二人、女性十二人、計二十四人で行うこのパーティーが盛況と聞いて、さっそく参加してみたのだ。

パーティーは次のように進む。

①　ネットか電話で申し込む

②　参加費を銀行振り込みで支払う

③　当日、受付で写真付き身分証明書を提示

④　くじ引きでテーブルを決める。テーブルは全部で四つ。それぞれ男性三人女性三人計六人。パーティーは立食形式

⑤　テーブルの上にあるプレートでタコ焼きを焼き、それを食べながら、約三十分間の会話を楽しむ。男性三人がテーブルを移動しながら、これを四回くり返す。テーブルチェンジごとにタコ焼きの内容は変わる

⑥　最後に、気に入った相手と連絡先を交換する

この流れを読むと理解していただけると思うが、タコ焼き婚活パーティーとは、システマティックな合コンだ。そして、男女の関係をとりもつ媒介がタコ焼きなのである。タコ焼き婚活で成果が上がるかどうかは、おそらく受付直後のくじ引きに左右される。重要なのは、女性とのテーブルマッチングよりも男性との組み合わせだ。というのも、女性とはテーブルチェンジしながら全員と同じ時間会話をするルールだが、男性三人のチームは最初から最後まで不動だからだ。男性参加者同士が連携できるか、相性とチームワークが鍵だ。

三時間立ちっぱなしで炭水化物を胃に詰め込む

タコ焼き婚活には、平日の夜に参加した。場所は都内の雑居ビルの中にある会場だ。平日夜にもかかわらず、十九時の開始時刻に定員二十四人全員が揃っていたことに驚いた。参加者のほとんどは仕事帰り。男性はスーツにネクタイ姿が主流だ。

同じテーブルで一緒にタコ焼きを焼く自分以外の二人もスーツ姿の会社員。しかしこの二人、あまりにもタイプが違う。

一人は営業職。社交的で常にニコニコというかニタニタ笑っている。靴底をすり減らして街を歩き回っている体育会系タイプだ。

もう一人は寡黙な技術職。長身やせ形でややイケメン。テーブルチェンジをするたびに必ず「僕は一部上場企業に勤めています」と自己紹介した。この発言が女性に受けるのか、ある種の女性には受けるのか、そのあたりはよくわからない。しかし、パーティーの間で計四回聞かされたこちらはかなりしらける。

最初のテーブルでタコ焼きを焼き始める。生地はすでに溶かれたものが用意されている。タコをはじめ食材もきれいにカットされている。参加者は生地をプレートに流し込み、タコを放り込んで、焼けてきたら均等に焦げ目がつくようにコロコロ転がせばいい。

メンバーの顔触れを見た時から覚悟はしていたが、タコ焼きを焼くのはほぼ自分の役割だ。体育会系は少し手伝ってくれるが、女性との会話に必死だ。イケメンはほぼ手伝わない。ビールを片手に隣の女性に「大きな会社にいると、派閥の調整に気をつかいましてね」などと話している。それでいて、タコ焼きはしっかり食べる。

「もう少し焦げ目がつくのを待ってから食べたほうがいいですよ」

紳士面して女性にアドバイスをしている。

「焼いてるのはオレなんだよ」

喉《のど》まで出かかった言葉を飲み込む。

「女性だってしっかり見てるんだよ、お前のそういう協調性のない態度」

心の中で思うが、でも、女性はホントに見てくれているのかな？　不安だ。イケメンのセールストークをうっとりと聞いているかもしれない。このままでは、自分は完全にタコ焼き屋台のオヤジ状態である。しかも、その役割が妙に似合っていて悲しい。

あっという間に三十分が過ぎ二番目のテーブルへ。この時点ですでにお腹はいっぱいだ。タコ焼きは炭水化物の塊《かたまり》。胃が重い。

しかし、二番目のテーブルでもタコ焼きプレートが待っていた。

「はい、では次のテーブルでは、タコ焼きのタネをタコではなく、ウインナーでやってみましょう！」

スタッフのアナウンスで、タコ焼きではなく〝ウインナー焼き〟を焼く。タコ焼きプレートの穴に生地を流し、小指の先大にカットされたウインナーを放り込んでいく。確かに味は変わるが、生地は同じ。炭水化物の塊であることに変わりはない。

二番目のテーブルでもやっぱり焼く係だ。働いていないと落ち着かない性質なのでしかたがない。焼肉屋に行っても焼く係だし、しゃぶしゃぶ屋に行っても灰汁《あく》を取り除く係なのだ。

「僕の会社は一部上場で〜」と、ここでもイケメンは自己紹介している。その様子を見て、体育会系がニタニタ笑っている。

ウインナー焼きにはピザに使うチーズをまぶす。それが熱でとろりと溶けておいしいが、たくさんは食べられない。

三番目のテーブルでは、タコ焼きプレートにケチャップライスを入れ、卵焼きをまぶし、丸いミニオムライスを作った。しかし、このあたりになると、満腹のためにおいしいのかどうかよくわからない。それでも、無理やり口に放り込む。目の前の女性が自己紹介の時に「好きなタイプは何でももりもりおいしそうに食べる男性です」と語ったからだ。これは女性に共通する意見だと思えた。それにしても、胃を休めたい。

四番目のテーブルでは、タコ焼きプレートにホットケーキミックスを流し込み、中にドライフルーツを入れたデザートを焼いた。最後に生クリームをデコレートするのだが、もはや誰も食べることができない。満腹なのは自分だけではなかったようだ。

タコ焼き婚活パーティーは楽しい。友人同士が集まってやるバーベキューが楽しいのと同じように、タコ焼きを焼いて食べながらの会話は盛り上がる。

ただし、このイベントは若ければ若いほどアドバンテージがある。量を食べられるからだ。五十代にもなると、二つ目のテーブルあたりからタコ焼きプレートから目をそらしたくなる。また、仕事をした後に三時間フルタイム立っているのもつらい。

パーティーの最後に連絡先交換タイムがあるが、その時間帯には婚活よりも一刻も早く帰宅したい気持ちが勝った。情けない……。しばらくタコ焼きは見たくもない。

◎タコ焼き婚活の概要

参加料金

男性は五〇〇〇～六〇〇〇円、女性は四〇〇〇～五〇〇〇円

持参するもの

・写真付き公的身分証明書
・胃薬

成果を上げるポイント

・36ページのスタンダードな婚活パーティーの「成果を上げるポイント」を確認
・たくさん食べられるように空腹な状態で参加する
・長時間立ったままのパーティーの場合は、できれば平日夜ではなく、疲れていない週末の会を選ぶ
・タコ焼きは積極的に焼く。ただし、女性との会話は怠らないように

寺社婚活

寺院に集まり坐禅を組んで写経を行う
信心深いシングルたちの集い

アロハシャツの男性にバラの髪飾りの女性もいた

「きっとまじめな男女が集まるに違いない」

それが、寺社婚活、いわゆる〝寺《てら》コン〟に参加した最大の理由である。しかも、インターネットで調べると女性に人気がある企画らしく、女性枠から先に埋まっていた。

同時に素朴な疑問もあった。

「煩悩のかたまりの婚活をお寺で行って、バチは当たらないのだろうか？」

「坐禅と写経でどうやって男女が交流するのだろうか？」

寺コンの流れは次の通りだが、いったいどのタイミングで気に入った相手を見つけて仲よくなればいいのか——。謎のまま当日を迎えた。

① インターネットを通して参加を申し込む
② 当日、会場である寺の玄関で参加費を支払い、参加者名簿を受け取る
③ 名前と趣味を書いた名札を胸につける
④ 住職の説法を聞く
⑤ 参加者が交替で坐禅と写経を行う

当日のプロセスで要するのはざっと三時間だ。

会場は都心にある臨済宗の寺院。受付をすませて中に入ると、お線香と木造家屋の香りが心地よい。長時間に及ぶ会になることがわかっていたので、始まる前にトイレをすませておく。寺院は古い建物だったが、トイレは改装され、便器も洋式である。大をするわけでもないのに安堵した。現代は僧侶も洋式で用事をすませるのだ。

参加者は、男性十四人、女性十四人で、計二十八人。

住職の説法を待つ時間は誰一人口を開かず、じっと座っている。地味な男女が集まるイメージで訪れたが、意外にもアロハシャツの男性やバラの髪飾りの女性もいる。

「皆さま、本日はお忙しい中、弊社の寺コンにご参加いただき、まことにありがとうございます」

寺院という場には不似合な二十代の女性スタッフの高い声のＭＣで、いよいよ寺コンがスタートした。

婚活とは無関係の長い説法に眠くなる

二人の女性スタッフに続いて住職が現れ、説法が始まった。

住職は四十代だろうか。きれいな顔立ちをしている。ただし、話は取り立てて面白いわけではない。内容は婚活とは無関係である。これも布教のうちなのだろう、自分が僧侶になるまでの歩みを降り返るのだが、特別にドラマティックでもないキャリアがたんたんと語られていく。

説法は長い。結婚式に出席すると自分のことを延々と話す新郎新婦の上司がいるが、あの手のオジサンたちを思い出す。眠くなってきた。

隣の席の男性が何度も大きなため息をつく。斜め前の女性は船をこぎ始めた。退屈な説法にたまりかねたのだろう。

「はあー……、ふう……」

三十分ほどの説法が終わると、部屋を移動していよいよ坐禅だ。初体験なので、わくわくする。ところが、そこでさらに住職の話があった。これは二十分くらいだろうか。また眠くなってきた。

さんざん話を聞いた後、今度こそ坐禅が始まる。チーンという鐘の音とともに皆足を組み、部屋は静寂に包まれる。デニムのパンツで参加したことを後悔した。硬い布のパンツをはいていると、関節が曲がらず足が組みづらい。

この日は天気にも恵まれ、穏やかな午後だった。庭では雀がさえずっている。その時、突然、左隣の女性の腹がグウーッと鳴った。空腹なのだろうか。彼女の顔を見たい気持ちを必死で抑える。すると、今度はキュルキュルキュルッと聞こえた。腸が健康なのだろう。

坐禅には、正式な足の組み方、姿勢、呼吸法がある。それを指導されはしたが、強いられはしない。初心者ばかりなので、できる人は少数だろう。

姿勢が崩れても警策《けいさく》で叩かれることもない。ただし、喝《かつ》を入れてほしい参加者は、住職が目の前を通る際に手を合わせると、両肩を打ってくれる。喝というよりも、〞お客様〟へのサービスに近い。アントニオ猪木が闘魂を注入するビンタと同じだ。

せっかくの機会なので、警策での喝をお願いした。前かがみになるようにうながされ、右肩、左肩それぞれをピシッ!と打たれる。心地よい刺激が身体に伝わる。参加者はみんな同じ気持ちなのだろう。次々と警策を希望する。その都度、ピシッ!と快音が響く。女性も何人か警策を求めたが、彼女たちにはゆるく打っていた。

坐禅はわずか十分で終わった。かなりもの足りない。

寺院近くの居酒屋での二次会が婚活本番

坐禅に続いて行われた写経は、仏教の経典を書写する行い。寺コンでは般若心経が薄く書かれた紙が各自に配られ、その文字を筆ペンでなぞる。小学校一年生の頃の「書き方」の授業を思い出した。

「あれっ、墨はすらないのね」

一人の女性参加者が小さく不満を漏らした。確かに筆ペンではありがたみに欠ける。意外だったのは、坐禅よりも写経のほうが心を集中できることだ。じっと行う坐禅では目の前の畳の目をぼっーと眺めて、「晩飯、何を食おうかな……」などと考えてしまったが、手を絶えず動かしている写経は、だからこそ無心になれる気がした。

「結婚成就」

書き写した般若心経の最後にしっかりと願いを書き記す。

写経は約三十分。書き上げた般若心経は後日住職が焚き上げてくれる。

寺コンはこれで終了。実はこのイベント、肝心な婚活はここまでの〝本編〟ではほとんど行われない。終了後に寺院の近くにある居酒屋での二次会こそが婚活の場だ。二次会に流れたのは二十人。参加者は二十八人なので、出席率は高い。坐禅と写経で帰ったら、たいした婚活にならないわけだから、当然だろう。

「では、私たちはここで失礼します。あとは皆さんで思う存分盛り上がってください！」

二次会会場に参加者を放置して、スタッフは去っていく。だまされたような気もしたが、想定内ではあった。支払った参加費はもちろん本編のみで、ここからは別会計だ。寺コンが終始厳《おごそ》かに行われたこともあり、居酒屋の個室で行われた二次会は誰もがはじけている。それでいてテーブルの席取りなど、何気に駆け引きは行われる。容姿のいい女性参加者の周囲には、男たちがうろうろしている。

そんな二次会のさなか、向かいに座る女性に声をかけられた。

「あのー、私、お寺にいる時からずっとあなたのことが気になっていたんです……」

交際してほしいと告白されるのだろうか？　自分に都合のいい妄想が膨らむ。

「ありがとうございます！」

「ひとつ伺いたいのですけれど、六角精児《ろっかくせいじ》さんに似ているって言われませんか？」

「……」

結局、寺コンの二次会ではその後四人の女性と連絡先を交換した。しかし、残念ながら帰宅後にメモを見ても名前と顔が一致しなかった。

◎寺社婚活の概要

参加料金

男女とも五〇〇〇～七〇〇〇円

持参するもの

・特にないが、座りやすい服装（ジーンズはやめたほうがいい）

成果を上げるポイント

・36ページのスタンダードな婚活パーティーの「成果を上げるポイント」を確認
・坐禅中に腹が鳴らないように食事をすませておく
・二次会に参加する

第3章

大出費覚悟で結婚相談所へ登録してみた

結婚相談所

一九七〇年代から続く婚活の王道には、消極的な草食系男子が集まっている

一年間で二百五十一人にお見合いを断られる

・お見合いを申し込んだ数　二百五十四人　うちお見合いした数三人
・お見合いを申し込まれた数　百十二人　うちお見合いした数十一人

これはある会員制結婚相談所に登録して一年間活動した実績である。

結婚相談所は、日本に古くからある婚活ツールである。一九七〇年代から結婚情報のサービスとして一気に広がった。入会金や会費を支払って登録し、所属する男女がお見合いを行う。

われながら、よく二百五十四人もの女性にお見合いを申し込んだものだ。しかも、ふられにふられた。一か月に二十人以上の女性にお見合いを断られた。一年間でお見合いに対応してくれたのは三人だけだ。これが婚活市場における自分の商品価値だと理解しなくてはいけない。

ただし、五人、十人にふられると心は傷つくが、二百五十一人にお見合いを断られると不思議なもので、なんとも感じなくなる。以前インタビューをしたある大物プロレスラーが、十万円、二十万円の借金は気になっても、十億、百億、一兆の借金はなんとも感じないと話していたことを思い出した。

その一方で、百十二人の女性がお見合いを申し込んでくれた。一か月に約十人である。本当にありがたい。

結婚相談所に登録したのは、婚活パーティーやネット婚活で成果が上がらず行き詰った時期だった。もっとコストと時間と手間をかけなくてはもはや出会いはない、と考えて婚活者としてのステージを上げたのである。

登録したのは全国で四万人の会員がいる結婚相談所だ。しかも、電話で問い合わせをした際、男性よりも女性会員が多いという説明を受けたことで、入会へ心が傾いた。
その結婚相談所での登録から成婚までのプロセスは次の通りだ。

①カウンセリングで、結婚したい意思、希望する相手のタイプなどを確認される
②入会金と年会費を支払う
③登録のための書類を提出する。本人確認（運転免許証もしくはパスポートなど写真付き公的身分証明書）、最終学歴の卒業証明書、年収証明（源泉徴収票もしくは確定申告の写し）、独身証明書……など
④フォーマットに従って自分のプロフィールを作成する。項目は、年齢、生年月、身長、体重、続柄、血液型、住所（都道府県）、出身地（同上）、趣味、飲酒、喫煙、宗教、職業、年収、最終学歴、資格、資産、婚歴、親同居についての希望、希望するタイプ、自己PR……など
⑤プロフィールに写真を添付
⑥パソコン画面で異性のプロフィールを検索し、好みの相手に、結婚相談所を通して

⑦お見合いを申し込む
⑧⑥と同様にお見合いを申し込まれる
⑨男女双方が了解した場合、結婚相談所にお見合い料を支払い、お見合いがセッティングされる
⑩結婚相談所のスタッフは同席せず、本人たち二人でお見合い。この席ではおたがいの連絡先を教えないことがルール
⑪お見合いの結果、男女双方が交際を希望した場合、それぞれに直接の電話番号が教えられる
⑫三か月間交際する。この期間は男女とも結婚相談所の自分を担当するカウンセラーにコンスタントに自分の気持ちを報告する。原則として性的な関係は持ってはいけない。また、同時に複数の相手との交際もできる
⑬三か月以降も交際する場合は、対象をその一人に限定する
⑭婚約・結婚。その際、結婚相談所に成婚料を支払う

このように、結婚相談所は、婚活パーティーやネット婚活と比べるとはるかに厳格なシステムになっている。③の提出書類も、ネット婚活のような任意ではなく、すべて必須だ（女性の場合は年収証明が任意の場合もある）。

ちなみに独身証明書とは、シングルであることの公的証明書で、本籍のある自治体の戸籍課に依頼すると発行してくれる。役所を訪ねるか、申請書と発行手数料（定額小為替）と返信用切手を送付することになる。

取り寄せた独身証明書には次のように記されていた。

〈当市区町保管の公簿によれば、上記の者が婚姻するに当たり、民法第七三二条（重婚の禁止）の規定に抵触しないことを証明する〉

ただし、独身証明書は二〇〇〇年にできた新しい書類なので、決まったフォーマットはなく、各市区町村によって体裁は違う。

独身証明書には二種類ある。一つは結婚相談所登録用で、もう一つは外国人との婚姻用だ。だから、市区町村役所の戸籍課に電話をすると「結婚相談所に登録されるんですか？」と確認される。これがちょっと恥ずかしい。

週末午後のホテルはお見合いカップルで大混雑

女性のプロフィールを検索するのは楽しい。添付されている写真のほとんどはプロの撮影によるもの。女性たちはレンズに向かって笑顔を向けている。ネット婚活のプロフィールにアップされていた写真はスナップが主流だが、真剣度が高い結婚相談所ではみんなコストをかけているのだ。写真を次々と見ていくと、そこにいる全員が自分とお見合いをしてくれる気がする。われながらいい気なものだ。

しかし、そんな能天気な妄想は束の間だった。すぐに現実を思い知らされた。活動を始めると、好みのタイプの女性に次々とお見合いを断られた。

登録して最初の一週間は控えめにお見合いを申し込んだ。同時期にいくつものお見合いが決まったらスケジュールのやりくりに苦労すると考えたわけだが、心配は無用だった。その一週間でお見合いの申し込みを快諾してくれる女性は一人もいなかったのだ。自分が置かれている現実を知り、その後は躊躇《ちゅうちょ》なく次々と申し込み、次々と断られた。悔しさを感じる間もないほど負け戦が続いた。

最初にお見合いを申し込んでくれたのは、まじめそうな三十六歳の会社員。ひと回り以上年下の女性が自分を選んだことには少なからず感動した。

お見合いした場所は東京・渋谷区のホテルのバーラウンジ。週末の午後、エレベーターでバーのあるフロアに上がり驚いた。いかにもお見合いの待ち合わせという服装の男女であふれていたのだ。週末なのにスーツにネクタイ姿の男性や清楚《せいそ》なワンピース姿の女性が、ざっと二十組はいただろうか。

その後、やはりお見合いの待ち合わせで訪れた丸の内のホテルも、新宿のホテルも、同じ状況だった。週末の昼下がりの都内のホテルが〝お見合い場〟であることを初めて知った。登録した結婚相談所では、お見合いにあたっていくつかのルールがもうけられていた。

①　お見合いは約一時間で切り上げる
②　アルコール類は口にしない
③　会計は二人分を男性が負担する

④　自分の担当カウンセラーや登録条件については相手に話さない
⑤　お見合いの場では自分の連絡先は教えない

どれも納得できるものばかりだ。初対面で長々と話さないほうが相手に好印象を与えるし、酔っ払ってトラブルが起きるのもよくない。また、その先交際するかどうかわからない段階では、おたがいの連絡先は教えないほうがいいだろう。

「オレは結婚に向いていないのか？」

この結婚相談所に登録して、一年間で十四人の女性とお見合いをした。そのうち十一人が会社員で、あとは女優、テレビのナレーター、看護師だ。

ほかの婚活ツールと比べ、結婚相談所に登録している会員には高学歴の女性が多い。大卒率が高く、大学院卒の研究職や医師や歯科医も目立つ。ピアノやヴァイオリンなど、上品なお稽古事をしてきた女性も多い。また、コストがかかる婚活ツールなので、所得の多い女性が主流だ。もちろん、彼女たちが男性を見る目は厳しい。

未婚女性に聞いた「結婚したい男の職業」ランキング

順位	職業	人気率
1位(同率)	公務員	27.3%
1位(同率)	医療関係(医師/薬剤師など)	27.3%
3位	事務・管理	22.7%
4位	専門(士業/コンサルタント等)	20.3%
5位	研究開発	18.0%
6位	企画・マーケティング	16.3%
7位	経営	14.7%
8位(同率)	プログラマー	10.7%
8位(同率)	営業	10.7%
10位	制作・クリエイティブ関連	9.3%

2013年:パートナーエージェント調べ

結婚相談所のパートナーエージェントが二〇一三年に調査した結果が上にある表だ。これは女性会員が希望する結婚相手の職業だ。一位が同率で公務員と医師・薬剤師。二〇〇八年のリーマン・ショック後、正社員といえどもリストラの恐怖に悩まされるサラリーマンよりも解雇の心配がない公務員が人気なのは、前述した自衛隊婚活パーティーが女性に大人気だったことからもわかる。

総務省の最新調査で三八%にも増えた非正規社員になると、未来は暗い。医師は開業しない限り、大金持ちにはならないが、医師免許がある以上、日本全国どこで暮らしても食いっぱぐれはない。しかも、ますます進む高齢化で需要は高まるだろう。

弁護士などに代表される士業など社会的ステータスが高い職業や、大手企業にありそうな職種の人気は根強い。

さて、話を筆者の活動に戻すが、結婚相談所に集まる女性の性格は当然さまざまだ。お茶を飲みながらまじめに仕事の話を続けた女性もいたし、二度目に会った帰りがけにいきなりブチューッとキスをしてきた肉食派もいた。

お見合いを二百五十四人も申し込み、百十二人に申し込まれ、どうしてたった一人のパートナーも見つけられなかったのか――。その理由は、まず、ミスマッチだ。こちらが興味を覚える女性は振り向いてくれない。そして、プロフィールを見てスルーした女性からは申し込みをいただく。それを一年間くり返した。

読者からの非難を覚悟で打ち明けるが、こちらが申し込んだのは、どこから見ても美しい女性ばかりだった。

おそらく彼女たちには何百人もの男性からお見合いの申し込みが届いているだろう。その中から選び抜いた一人か二人だけに会うに違いない。たくさんの相手とお見合いする時間を作るのは大変だし、コストもかかる。結婚相談所にお見合いのセッティングを依頼すると、一度につき五〇〇〇～一万円を支払わなくてはいけないルールだ。

申し込んでくれる女性たちも魅力的だった。しかし、自分が申し込んだ女性たちとどうしても比較してお見合いを躊躇《ちゅうちょ》してしまう。同じ画面でプロフィールや顔写真を比較できるからだろう。

結婚相談所に登録して一か月も経てば、成果は上がらずとも目だけは肥えている。そして、婚活市場での自分の商品価値の低さを忘れ、申し込みをお断りしてしまう。頭ではわかっているのに、傲慢《ごうまん》なジャッジをしてしまう。

また、お見合いまで進んだ相手とも、その後がなかなか続かなかった。まず、女性たちもこちらも年齢的に責任の大きい仕事をしているため、おたがいのスケジュール調整が難しい。自分に関していうと、複数の原稿の締め切りが重なり、出張が続くと、デートどころではなくなる。すると、そのまま関係もフェイドアウトした。

「オレは結婚に向いていないのかもしれない」

婚活パーティー、ネット婚活、婚活バスツアー、お料理婚活、そして結婚相談所まで体験してようやくわかりかけてきた。

自由な時間をあまりにも長く過ごしてしまい、仕事以外のことで誰かの都合に合わせることができない性質と生活になっているのだ。

プロポーズの夜に割り勘を提案して断られた四十五歳の男

一方、結婚相談所に登録している女性の多くは「結婚相談所の男性会員はみんな消極的」と感じているようだ。

お見合いでおたがい好感を持って、その後何度デートしても、手を握ることすらしない男性も多いらしい。それはある意味当然で、消極的だからふだんの生活でパートナーを見つけられず、コストを投じて結婚相談所に入会しているのだ。

96ページの婚活ハイキングで出会い帰りに食事をした中の一人、サラさんも結婚相談所に登録して十人の男性とお見合いをしたという。彼女は四十歳。メーカーで働いている。

「お見合いした二人の男性とは何度もデートをして、でも、どちらも手も握ってきませんでした。最初はまじめな人なんだと好感を持ったけれど、ずっとそのままじゃ関係はまったく進展しません」

一人目の四十五歳の男性はキスもしないままプロポーズに至った。

「彼とのデートはずっと割り勘でした。堅実な人なんだなあ、と感じていました。でも、プロポーズの時も割り勘だったことにはがっかりしました」

結果的に最後になった十回目のデートの夜、彼は横浜の海に面したホテルにある高級レストランを予約していた。

「結婚してほしい」

デザートのタイミングでプロポーズされ、彼女は喜びを隠せなかった。しかし、食事を終えて会計の時に言われた言葉に失望する。

「食事代、半分もらっていいかな?」

盛り上がった気持ちがすーっと覚めた。プロポーズする夜くらいは見栄《みえ》をはってほしかった。

結婚相談所は、婚活パーティーやネット婚活よりもはるかにコストがかかる。だから、高年収の男性が登録していると考えがちだ。しかし、現実的には息子の将来を心配した親が入会金や会費を支払っているケースは珍しくない。

「私、今の時代は結婚して夫婦二人で働くことは当然だと思っています。私は働くこと自体は好きですし。でも、肝心な時に見栄を張れない男性は肝心な時に私を守ってくれない気がして。結婚はお断りしました」

サラさんは話す。彼女がデートを重ねた二人目の男性は四十二歳で金融関係の会社に勤めていた。彼の髪はヅラだった。五回目のデートで打ち明けられたという。その次のデートで、サラさんはヅラをやめることをやんわりと提案した。

「私、禿《は》げていることにはまったく抵抗はないんです。でも、禿げていることを気にして暮らしてほしくはなかった。かつらをとって堂々としていてほしかった。でも、理解してもらえませんでした」

交際はピリオドを打った。サラさんが脱ヅラを提案した時、彼は激高したのだ。

「髪がない僕がどんな気持ちでいるか、君は全然わかってくれていない！」

身体を震わせて怒る彼が恐ろしく、その後は会うことができなかった。

「かつらをやめる提案をしたこと、私もすごく勇気がいりました。でも、言った。ずっと交際する気持ちがあったからです。だけど、やっぱり言っちゃいけないことだったのかもしれませんね……」

結婚相談所には、低収入、薄毛、低身長、低学歴、童貞……など、強いコンプレックスを持つ男性会員は多い。そういう男性といい関係を結ぶには、いくつものハードルを越えなくてはならない。

会員限定パーティーには絶対に参加しよう!

多くの結婚相談所では会員限定の婚活パーティーを開催している。こうしたパーティーにも何度か参加したが、実に質が高かった。

パーティーの流れは、気軽に参加できるスタンダードな婚活パーティーとほぼ同じだ(19ページを参照)。しかし、結婚相談所の会員限定パーティー参加者は真剣度が高い。

結婚相談所に入会金や会費を支払い、その上でパーティー参加費も払っている。それも一般的な婚活パーティーよりも高い。一万円~二万円くらいである。男性は二~三倍だ。女性に至っては五～六倍だ。というのも、一般的な婚活パーティーの参加費は、たとえば、男性五〇〇〇円、女性二〇〇〇円と男女差がある。しかし、結婚相談所主催のパーティーは男女ほぼ同額だ。当然、真剣度は高い。

登録していた結婚相談所では、都内のホテルの宴会場で会員限定パーティーを行っていた。パーティーの前半はそこにいる異性全員と一対一で会話をする。後半はフリータイムだ。フリータイムは立食形式で、ホテル内のレストランで調理された温かい料理や、何種類ものドリンクがふるまわれた。

会場にはショパンやモーツァルトの音楽が流れ、参加者はスーツ姿の男性や、ワンピース姿の女性がほとんどだ。着物姿で参加する女性もいた。

結婚相談所主催のパーティーなので、プロフィール写真で見たことがある顔もいる。そこで気づいた。実物のほうが写真よりも若々しく見える。

プロフィールの写真は、言うまでもなく静止画だ。しかし、実物は動き、表情を変え、言葉を発する。だから、生き生きと感じられる。これは男性にも女性にも共通する法則だろう。実際、結婚相談所のプロフィールを通してお見合いを申し込み、断られた女性から、パーティーの後、お見合いを申し込まれた。

「お写真で見るよりも若々しかったので」

彼女はそう言ってほめてくれたが、静止画と実物では印象が違って当然だ。それを考えると、結婚相談所主催の婚活パーティーは積極的に活用するべきだと思った。

成婚料を設定している相談所のほうが良心的

さて、結婚相談所については、ほぼ同時期にもう一社登録をした。入会から活動へのプロセス、登録に必要な書類はほぼ同じ。ただし、そちらの会社は自分で検索してお見合いを申し込むのではなく、担当カウンセラーが勧める相手とお見合いをするシステムである。入会時のカウンセリングで希望のタイプや年齢を伝え、その条件に合う相手が紹介される。その上で男女双方が希望するとお見合いが成立するのだ。

しかし、そちらの会社ではなかなか成果が上がらなかった。この本を書いている時点で入会後三か月になるが、まだ一件もお見合いが成立していない。担当カウンセラーがお見合い相手として提案してくる女性をこちらがＯＫしても、相手に断られる状況が続いている。

なぜなかなかお見合いが成立しないのか。もちろん、五十代は不利だ。しかし、もう一社のほうでは一か月に一人のペースでお見合いは成立しているので、必ずしも年齢のせいだけではない。お見合いできない一番大きな理由はおそらく会員数の少なさだと思う。絶対数が少ないと、カウンセラーが紹介する女性は（男性も）限定される。すぐにストックが尽きる。マッチングのやりくりが行き詰まるのだろう。

結婚相談所に入会するには、次の点を比較検討したい。

①　会員数
②　会員の年齢層
③　入会金や会費などコスト
④　成婚料の有無
⑤　会員限定パーティーの有無

会員数は多ければ多いほうがいい。目安としては男女各一万人以上が理想だろう。また、成婚料を設定している結婚相談所のほうが概して良心的だ。というのも、成婚料を払わなくていい会社は、入会後のケアがほとんどないからだ。理由は結婚相談所の気持ちになって考えればすぐにわかる。新規会員を増やさなければ人件費をはじめとするコストを生み出せない。一方、成婚料がある結婚相談所は成婚が会社の収入につながるので入会後のケアを期待できる。

どの結婚相談所も、あるいは結婚相談所の営業スタッフも、新規会員を獲得するために、入会すればすぐにパートナーが見つかるかのようなトークを展開する。しかし、日常生活や仕事の場で相性のいい相手となかなか出会えないのに、結婚相談所ですぐに見つけられることなど期待してはいけない。

また、高い成婚率を誇る結婚相談所もあるが、会員の後追いなどほとんどできていないのが実情だ。

それを十分に認識した上で、自分に合う結婚相談所を選ぶべきだ。

◎結婚相談所の概要

参加料金

初期費用は五万〜百万円までさまざま

必要書類

・運転免許証もしくはパスポートなど写真付き公的身分証明書
・住民票
・最終学歴の卒業証明書
・源泉徴収票もしくは確定申告の写し
・独身証明書

成果を上げるポイント

・会員数の多い結婚相談所を選ぶ
・プロフィールは具体的に書く
・写真はスタジオでプロに撮影してもらう
・担当カウンセラーとはいい関係を心がける

・カウンセラーには自分から積極的に相談をする
・会員限定のパーティーに積極的に参加する

第4章

自己責任が問われるネット婚活に挑戦した

インターネット婚活

超多忙な人、対面での会話が苦手な人でも成果が期待できる在宅型婚活ツール

サイパンの空港で大ゲンカ

「あなたがこんなにわがままで自分勝手だとは思わなかったわ！」

サイパン国際空港で、カナエさんが般若のような形相で睨みつける。

「ごめん。何か気を悪くしたなら謝るよ」

五日間サイパンに滞在して帰国の便に乗る直前、空港ラウンジでお茶を飲んでいたら、カナエさんが突然怒り始めた。こちらのどこに腹を立てているのかよくわからない。

「何か気を悪くしたなら、って……。私が怒っている理由、あなたはなーんにもわかってないのね！」

「うん……」

つい肯定してしまい、彼女の怒りは倍増する。

「この五日間、あなたは本当に自分のためにしか時間を使わなかったわよね」

「ああ……」

「ああ……じゃないわよ！」

こちらとしては理不尽な抗議に聞こえた。食事は毎回彼女の希望をおうかがいした上で一緒にとったし、連日午後にはマニャガハ島（サイパン島沖二キロほどに浮かぶ珊瑚礁に囲まれた無人島）にお連れした。それでは満足できなかったのだろうか――。彼女に確かめようとして、でも喉《のど》まで出かかった言葉を飲み込んだ。さらに怒りを増幅させる気がしたからだ。

サイパンには当初一人で行く予定だった。

フリーランスで仕事をする身にとっては、健康が何よりも大切だ。会社員と違い、風邪をひいても仕事を休むわけにはいかない。仕事をキャンセルすればその分収入は減る。キャンセルした仕事で誰か別の同業者がいい結果を残せば、その後同じ依頼主の仕事はこちらには戻ってこないだろう。だから、一週間に二、三回、健康維持のために自宅近くのプールで一日に五百メートルだけ泳いでいた。

しかし、プール通いは退屈だ。特に冬は寒いから家を出たくない。そこで、水泳を継続させるためのアクセントとして、一年に二回、五日間、南の島まで出かけてホテルのプールでふだんの四倍の距離を泳いでいた。暖かい土地だと筋肉も関節も軟らかくなって、たくさん泳げるのである。

そこで、その年も計画を立てていると、当時交際していた三十五歳で金融関係に勤めるカナエさんが一緒に行きたいと言い出したのだ。

「一緒に行くのはいいけれど、君がいようといまいと、僕は毎日、午前中はしっかり泳ぐし、ホテルで仕事もするよ」

「いいよ」

「マリンスポーツをやりたければ、一人で行ってもらうことになるけど……」

「いいよ」

発《た》つ前にしっかりと承諾を得ているはずだった。ちなみに旅費・交通費などすべてはもちろんこちらの負担だ。

しかし、彼女はこちらがまさか本気で泳ぐとも仕事をするとも思っていなかったようだ。

それで帰国便の搭乗前に怒りが爆発したのである。

「南の島にまで来て、本気で泳いで、部屋で仕事までして、バッカみたい！」

「東京にいようと、サイパンに来ようと原稿の締め切りはある。仕事はしなくちゃいけない。それに、フリーランスの身の僕にとっては、健康維持も仕事のうちなんだ。そのことは出発前に何度も念押ししたはずだけど」

「そんな話、まさか本気にするわけないじゃない」

「君が信じなかったことは、僕のせいなのかい？」

「はあ？　じゃあ私のせいだと言うの？」

「僕は僕のやるべきことをやる。君は自由に楽しめばいい。僕は何か間違っているかい？」

その言葉で、彼女に思い切りコップの水をかけられた。テレビドラマでは時々見るシーンだが、実際にやられるのは初めてだ。離れたところで二人の言い合いを見ていたミクロネシア人のラウンジスタッフの女性があわてて駆け寄ってきた。

「ケンカ、ダメデスヨー！　ナカヨクシナクチャ、ダメデスヨ！」

片言の日本語で仲裁に入る。

結局、そのおよそ三時間後、カナエさんとは成田で別れた。彼女はリムジンバスで、こちらは成田エクスプレスで都内へ戻り、その後二度と会うことはなかった。

結婚詐欺師や風俗営業が紛れ込みやすい

カナエさんと出会ったのは、大手インターネット会社の婚活サイトだ。インターネット婚活は、婚活サイトを通して男女が知り合う。システムは会社によって異なるが、次のような流れが一般的だ。

①　登録。入会金や年会費はインターネットを通してクレジットカードで決済するケー

スが主流

② 入金した後、本人証明（運転免許証やパスポートなど写真付き公的身分証明書）、住所証明（住民票）、勤務先証明（社員証）、最終学歴の卒業証明書、年収証明（源泉徴収票や確定申告の写し）、独身証明書……などを提示する。提示の方法は、それぞれをデジタルカメラで撮影するかスキャンしたものを添付ファイルで送信する。もしくはコピーしてファックスで送信する。以上の書類には義務付けられるものと任意のものがある

③ ②をもとに審査が行われる

④ 審査が通るとプロフィールを作成し、サイトにアップする。プロフィールの項目は、ハンドルネーム（ネット婚活は匿名で活動する）、年齢、出身都道府県、現住所のある都道府県、血液型、最終学歴、職業、年収、趣味、婚歴、飲酒・喫煙、好きなタイプの異性、自己PR……など

⑤ プロフィールに自分の写真をアップする。ただし、写真掲載は任意のケースが多い

⑥ サイトで異性のプロフィールを検索する

⑦　サイトを通して好みの相手に交際を申し込む
⑧　サイトを通してメールのやりとりを行い、さらに興味を持ったら個人のメールアドレスや電話番号を交換する
⑨　その後は自由恋愛

このような流れだ。

すでに察していただいていると思うが、ネット婚活の場合は自己責任の領域が広い。

まず②の提出書類だが、本人証明以外は任意のケースが多い。つまり、住所、職業、学歴、収入などはいくらでもごまかすことができる。さらに多くの場合、独身証明書も任意なので、妻子があっても登録可能だ。ナンパ目的の男もウヨウヨいる。

独身証明書とは、シングルであることの公的証明書（詳細は146ページ参照）で、結婚相談所登録では提出は必須。しかし、インターネットの婚活サイトではほとんど任意提出になっているのが現状である
また、プロフィールも、ハンドルネーム、年齢、職業のほかの記入は任意にしている

サイトは多い。さらに、連絡先を交換した後にトラブルが発生しても、自分の責任において処理しなければならない。

だから、あまたある婚活ツールの中でも特に慎重に行わなければならない。「婚活」の仮面をかぶった風俗営業や結婚詐欺が入り込みやすいツールだからだ。

多忙な人や会話が苦手な人に向くツール

ネット婚活には五年ほど登録していたが、積極的に活動した期間は二〜三年だったと思う。一度だけお茶を飲んだ女性から短期間ながらも交際した女性まで合わせて三十人以上と出会った。会社員が多かったが、航空会社の客室乗務員、モデル、教員、映像作家、占い師……など、さまざまな業種・職種の女性と知り合えた。

ネット婚活は忙しく働いている人に向いている。時間が作れなくて婚活パーティーにも婚活バスツアーにも参加できなくてもネット婚活ならやれる。登録してプロフィールさえアップしてしまえば、サイトを開いて交際を申し込んだり返事を受け取ったりは深夜でもできるからだ。

また、人との会話が苦手でも、ストレスを感じることなく婚活ができるのがネット婚活のメリットだ。婚活パーティーやバスツアーなど対面型の婚活は、営業職のような日常的に人と交流している人に明らかにアドバンテージがある。

さらに、ネット婚活はプライドが傷つく度合いも低い。対面型の婚活では、交際を申し込んでその場で断られるケースもふつうにある。また、婚活パーティー会場では、自分が気に入った相手が、ほかの誰かと仲よくなる様子を目の当たりにする。その点、ネット婚活は恋愛も失恋も初期は画面上で行われるので、心のダメージが少ない。ゲーム感覚で婚活ができる。

逆に考えると、ネット上のメール交換で相手が饒舌《じょうぜつ》に語っていたとしても安心してはいけない。実際に会うと寡黙だったということも当然ありうるからだ。

ネット婚活のメリットは利用者が相手を絞りやすいことだろう。というのも、プロフィールチェックによって、自分の好みの容姿、好みの職業、好みの居住地を選んで申し込むことができる。

実際、ネット婚活を通して知り合った航空会社の客室乗務員や占い師は、メディア系、カルチャー系の職種の男性限定でパートナーを求めていると話していた。自分の生活圏で出会える人数は限られているが、ネット婚活サイトならばより広く相手を探すことができる。

出会いには写真のアップは必須

ネット婚活で成果を上げるキーになるのは写真だ。直接会うまでの手続きが多く時間がかかるツールであるゆえ、その判断において写真が占めるウェイトは大きい。

ネット婚活の場合、プロフィール画面での自分の写真のアップは、ほとんどの会社は任意だ。そして、ほとんどの人は写真をアップしたくない。恥ずかしいからだ。すべての会員が好きなだけ自分の顔をチェックする状況を想像するとぞっとする。

また、教員のように写真のアップによって仕事に支障が生じる可能性のある職業もある。大企業に勤めていれば、同じサイトに同僚が登録している可能性も高いだろう。実際、自分が登録しているサイトでは知り合いの女性を五人も発見した。

しかし、あくまでもリスクとの兼ね合いだが、できる限り写真はアップしたほうがいい。もっと言えば、写真をアップしないならば、相手からの申し込みは期待できないと考えるべきだ。人は顔のわからない相手には興味を持たない。プロフィール画面への写真のアップに抵抗があるならば、ほかの婚活ツールを選ぶべきだろう。

サイトのプロフィールを眺めると、写真には大きく二つのタイプがある。スタジオでプロが撮影した写真と旅行先などでのスナップだ。では、どちらの写真をアップすればいいか——。ネット婚活に関しては、スナップのほうがいいように思った。

ネット婚活は低コストで参加できる婚活ツールだ。年間二〇〇〇〜五〇〇〇円で活動できる。そのプロフィール画面に、メイクをしてスタイリストがついてスタジオで撮影した写真がアップされると重々しく感じられるものだ。親しみを覚えない（結婚相談所のプロフィール写真はスタジオでプロに撮影してもらうべきだが、それについては147ページを参照）。

オススメしたいのは旅行先で友達に撮影してもらった笑顔の写真だ。サイパンで別れたカナエさんに交際を申し込んだのも、彼女のプロフィールにアップされていた写真に魅力を感じたからだ。それはどこか南の島へ旅行した時のスナップで、おいしそうな料理を目の前にして輝くような笑顔をカメラに向けていた。

「かわいいなあー！」

パソコンの画面に向かって感嘆の声をあげたほどだ。

女性であれ、男性であれ、本気の笑顔は例外なく魅力的だ。

逆に掲載に不適格だと思われるのは、モノクロ写真（性格が暗い人だと解釈される）、集合写真の一部で顔が小さく写っているもの（顔がわからなければ意味がない）、昔の写真（対面時に相手が自分を見つけてくれない。会えても不信感を持たれる）……などだろう。

写真掲載に関して自由度が高い婚活サイトには、自分の代わりにペットの写真をアップしている女性もいた。それがどんなにかわいい犬猫であっても、言語道断だ。見る側はなめられているとしか思わない。

また、自分が出会った女性に関しては、写真と実物とは別人のような例が多かった。これもネット婚活を行う際に覚悟をしなくてはいけないリスクの一つだろう。

プロが撮影した写真をプロフィールにアップしている女性に顕著だが、実際に対面してもその人だとわからなかった人すらいた。挨拶されても偶然出くわした仕事関係の誰かだと思ったこともあったほどだ。

この点は男性でも同じらしい。

「プロフィールの写真はやせていたのに、実物はすごく太っていた」

「写真は黒髪だったけれど、実物は頭が真っ白だった」

こういった例は珍しくないそうだ。

プロフィールは具体的に記入

ネット婚活で人気がある男女は明らかだ。男性は高収入が圧倒的に有利である。女性は若さや美しさといった外見に恵まれている人が有利だ。身も蓋《ふた》もないのだが、現実なのでしかたがない。

職場やサークル活動での出会いならば、仕事のスキルや周囲への気配りが恋愛においても評価に結びつく。しかし、婚活での出会いでは、容姿やスペックでしか相手を判断できない。

ただし、人が人を好きになる理由には収入や容姿のほかにも大きな要因がある。その一つは類似性だ。似た容姿、同じ趣味、同郷、同じ出身校、似た思考……など、人は自分と類似したものを持つ相手に対して安心感を持つ。街を歩くカップルや友達同士の服装が似ているのは、おたがい類似する相手に好意を持っているからだ。また初対面の相手が同郷や同じ出身校だと知ると、それだけで親しみを感じるはずだ。

この類似性はネット婚活にも活《い》かすべきだろう。同じ趣味や似た思考を持つ相手に好意を持ってもらえるようにプロフィールを作るのだ。

それはけっして難しいことではない。プロフィールの各項目にできるだけ具体的な内容を記入すればいいだけだ。

趣味の欄には「映画鑑賞」「音楽鑑賞」「スポーツ観戦」という大ざっぱな書き方はしないほうがいい。

「一九七〇年代のフランス映画はほとんど観ています」

「音楽が好きで、週末の朝はボサ・ノヴァ、夜はジャズを聴いています」

「サッカーの日本代表戦は欠かさずテレビ観戦します。ここ数年は一年に一度はスタジアムにも行っています」

など、具体的に書くことで、多くの人が類似性を感じるようにする。

ただし、具体性のさじ加減は〝ほどほど〟を意識したい。好きな映画作品やミュージシャンを書くくらいはいいと思うが、野球やサッカーの好きなチームを書くと、その他のチームのファンに避けられることはある。「横浜F・マリノスが好き」「読売ジャイアンツが好き」と書いてしまうと、浦和レッズや阪神タイガースのファンからは好かれない。レッズファンや阪神ファンは世の中にたくさんいるので、自分の婚活マーケットを狭くしてしまう。

また、特に男性の場合はオタク度の高い趣味は隠したい。アニメやコミックやプロレスが好きなことは女性には理解されないケースが多いので、最初はオープンにはせず、親しくなってから打ち明けるべきだろう。

プロフィールは、婚活市場における自分の価値を上げも下げもするので、慎重に作成したい。

◎インターネット婚活の概要

参加料金

年間一〇〇〇～五〇〇〇〇円

提示するもの

・運転免許証やパスポートなど写真付き公的身分証明書
・多くの場合は任意で、住民票、社員証、最終学歴の卒業証明書、源泉徴収票や確定申告の写し、独身証明書……など

成果を上げるポイント

・メジャーのインターネット会社が運営する婚活サイトを選ぶ。マイナーな会社のサイトだと写真画像が不鮮明で顔色が悪く見えたり、プロフィールの検索機能に不備があったり、頻繁にメンテナンスがあったりする
・同時にあまりたくさんのサイトに登録しない。複数のサイトに登録している婚活者が多く、ほとんど同じメンバーのプロフィールを見ることになる
・プロフィールはできるだけ具体的に書く

・写真はできるだけ掲載する。人は顔のわからない相手に興味は持たない
・写真は笑顔のスナップを選ぶ
・人気のある会員には数多くの申し込みがあるので、その中に埋もれないように、交際申し込みのメールには、相手のどこに好意を持ったのかを具体的に書く
・複数の相手と同時に会っている場合は、それぞれに悟られないようにする

ネット婚活番外編

婚活の仮面をかぶった違法風俗
絶対に参加してはいけません！

「ハイクラスの大人のためのゴージャスなパーティー」

目の前で全裸の男女が十五人、組んず解《ほぐ》れつの性のバトルロワイアルをくり広げている。一対一もあれば、一対二や一対三もある。まったく予期していなかった展開に、E

さんはソファに浅く腰かけたままうつむき、動けずにいた。

四十代半ばあたりの腹の突き出たオヤジの下半身にまたがり、リズミカルに腰を振るユウコさんの潤んだ目がこちらを見ている。

「いつまで服を着てるのよお……」

吐息が混じり、快楽で今にも意識を失いそうな声で挑発してくる。

「こんなはずじゃなかった……」

後悔したが、後の祭りだ。

このEさんとは別項に書いた婚活バスツアーで知り合った。ランチタイムで同じテーブルで食事をしたことをきっかけに連絡先を交換して、その後はコンパに誘い合っている。好みの女性はとにかくお嬢様。ハイソな感じの女性を追い求め続け、結婚できずにいる。

「ハイクラスの大人のためのゴージャスな出会い」

インターネットの検索エンジンで「婚活」「パーティー」を入力してネットサーフィンをしていたEさんは、このキャッチコピーに飛びついた。

「〝ハイクラス〟〝ゴージャス〟、まさしくあの頃の僕が求めていた出会いでした」

会場は都内港区の一流ホテル高層階のスイートルーム。会費は男性三万円。婚活パーティーは会費が高いほうがいい。参加者の結婚への意識はコストに比例するからだ。さっそく申し込みの電話をかけた。

「御社の婚活パーティーをネットで見て参加を検討している者です」

「ご連絡をいただき、ありがとうございます。次回のパーティーですが、女性参加者の数が先行しておりまして、ぜひご参加いただきたく思っています」

「女性参加者先行」という言葉にEさんのテンションは上がった。

「参加します！」

即決していた。しかし、これは「婚活」という仮面をかぶった違法風俗だった――。

避妊具装着がルール

パーティーが開催されたのは週末の昼下がり。教えられたホテルの部屋を訪れ、参加費を支払い、身分証明書として運転免許証を提示する。スタッフにうながされてリビングに進むと、男性六人、女性五人がすでにくつろいでいた。

「あれっ?」

Eさんは首をかしげた。〝ゴージャスな出会い〟と銘打ち、三万円も会費を支払っているのに、テーブルの上にあるドリンクは、缶ビール、缶チューハイ、ペットボトルのウーロン茶。食べ物はポテトチップス、チョコレートに乾き物。なぜか、カップラーメンまである。しかも、コンビニの袋に入ったまま無造作に置かれている。

「なんだかせこいな……」

ひとり言を飲み込む。

とはいえ、参加者たちは男女とも上品なたたずまいだ。会話も経済事情からスポーツまで及び、知性を感じさせた。

そのパーティー開始前にソファの隣に座っていたのがユウコさんだった。スリムなスタイルに茶髪のロングヘア。白のTシャツにデニムのパンツというラフなスタイルに日焼けした肌が映えた。彼女は二十三歳で、アルバイトでモデルの仕事もしているという。

「今日は仲よくしてくださいね」

そう言って、Eさんの大腿部にそっと手を触れた。

「参加してよかったなあ〜」

わくわくしてきた。

そうしているうちに参加メンバーが揃い、スタッフがパーティーの開始を告げる。

「皆さま、本日は貴重な週末に弊社のパーティーにお越しいただき、まことにありがとうございます。このスイートルームは明日のチェックアウト時間まで自由にご利用いただけます。体力が尽きるまで、太陽が黄色く見えるまで、存分にお楽しみください。なお、紳士の方がたは、避妊具を必ず装着していただくのがルールです。厳守です。それだけはお約束ください。また一回終わったらその都度、シャワーを浴びてください。これは相手に対するエチケットでもありますのでご協力ください」

明日のチェックアウトまで？　避妊具？　Eさんはうろたえた。

「では、皆さま、さっそくですが、お一人ずつ順番にシャワーをお使いください。私はここで退出いたしますが、何か御用がございましたら、遠慮なく私の携帯電話までご連絡くださいませ」

スタッフが告げると、その日の参加者たちはもう慣れているのだろう、無駄のない動きで男女それぞれ二つあるバスルームへ向かい列を作った。シャワーを浴びてリビングに戻ってくる時はバスタオル一枚巻いただけの姿だ。

その時になってようやくこれが婚活ではなく、〝ビジター参加ＯＫ〟の乱交パーティーであることを知った。

それからは、二時間経っても、三時間経っても、延々と男女入り乱れての裸の祭典が続いた。一度果てると、シャワーを浴びて、短い休憩をとり、別の相手のもとへ近づいていく。

そういう嗜好のないＥさんはただ一人服を着けたまま、じっとソファに座っていた。目の前ではユウコさんが、さっきとは別の男性の股間に顔をうずめている。

それ以上そこにいることも耐えられず、Ｅさんは暗くなる前にそっと部屋を後にした。

さて、この乱交パーティーの流れを整理すると次のようだった。

①　電話で申し込み

②　当日受付で自動車運転免許証など写真付き公的身分証明書を提示。参加費を支払う
③　参加者が揃ったら、時間が許す限り男女入り乱れての乱痴気騒ぎ
④　自由解散

実にシンプルだ。ひたすら快楽を求めるパーティーなのだ。ただし、たとえホテルの部屋という密室空間であっても、多数の人の目に触れる形でいかがわしい行為をした場合は、刑法一七四条の「公然わいせつ罪」が適用され、六か月以下の懲役もしくは三十万円以下の罰金、または拘留、科料とされている。誘惑に負けて鼻の下を伸ばすと結婚どころか、社会人人生さえ失いかねないので、くれぐれも参加しないように！

おわりに

婚活の現場は残酷だ。シングルの男女が、オスとして、メスとして、嫌でも自分の客観的な価値を思い知らされる。

婚活での出会いは初対面が基本だ。容姿、経済力、年齢、学歴、職業、結婚歴……などスペックを見た判断でパートナーを選び、選ばれる。だから、少なくとも結婚相談所、婚活パーティー、ネット婚活といった〝婚活のメインストリーム〟において人柄や仕事の場でのスキルや生き方はほとんど評価されない。

結婚相談所の章で書いたが、私は年間二百五十一人の女性にお見合いを断られた。この事実は、シングル市場におけるオスとしての自分の価値なのだ。

そして幸運にも対面できたとして、もし相手が失礼な態度であったとしても、腹を立ててはいけない。自分はそういう対応をされてしまうレベルなのだと謙虚に受け止めるべきなのだ。

では、スペックが弱いと相手を見つけられないのか――。けっしてそんなことはない。二〇〇〇年代に入ってしばらくは、結婚相談所、婚活パーティー、ネット婚活が三大婚活ツールだった。この婚活のメインストリームでは、右で書いた通りスペック重視だ。プロフィール、あるいはほんの数分間の対面で相手を評価するからである。

ところが、日本の結婚難がより深刻になった二〇一〇年以降、旅行会社や料理スタジオが婚活マーケットに参入し始めた。その結果生まれたのが、この本で紹介した婚活バスツアー、お料理婚活、婚活ハイキング……などだ。

こうした新規参入婚活ツールには共通点がある。それは、男女が集団で長時間をともに過ごすことだ。半日、あるいは一日、集団生活を送ることによって、スペックにはない魅力を知ることができる。協調性やリーダーシップはもちろん、金銭感覚や運動能力も垣間見える。

日本の婚活市場は、男女をより総合的に判断できるステージへと進んでいるのだ。

今後、婚活ツールはますます細分化されるだろう。それによって、ますます自分にとって有利な婚活を選択できるようになるはずだ。

容姿に自信がある男女は、今まで通り、短時間の会話で相手を選ぶ婚活パーティーに参加すればいい。

経済力があるならば、スペックでお見合い相手を選ぶ結婚相談所に登録すればいい。

人柄で勝負するならば、長時間集団行動をするツアー系の婚活を選べばいい。

その選択の際の生きた参考図書として、この本を利用していただけると嬉しい。


さて、『すべての婚活やってみました』は小学館出版局の小川昭芳さんのアドバイスで書かせていただいた。さまざまな婚活ツールを試して、成果が上がらず、その都度「もう一生シングルでいい」とあきらめかける私を小川さんは叱咤《しった》してくれ、激励してくれ、そして新しいタイプの婚活を提案してくれた。

その結果、自分自身、この本の中でトライした婚活で希望を感じたものがいくつかある。幸せをつかむために、もう少し頑張ってみたい。

最後に、この本を読んでくださった皆様に感謝いたします。おそらくシングルの方が多いかと思います。これからも一緒に頑張りましょう。

二〇一三年　七月

石神賢介

石神賢介

いしがみ・けんすけ
1962年生まれ。大学卒業後、雑誌、書籍の編集者を経てフリーランスのライターに転身。人物ルポからスポーツ、音楽、文学まで幅広いジャンルを手掛ける。バツイチ、現在婚活中。著書「婚活したらすごかった」(新潮社)は5万部を超えるヒットとなった。

小学館101新書

170

すべての婚活やってみました

二〇一三年八月五日　初版第一刷発行

著者　石神賢介
編集人　佐藤幸一
発行者　蔵　敏則
発行所　株式会社小学館
〒一〇一-八〇〇一　東京都千代田区一ツ橋二-三-一
電話　編集：〇三-三二三〇-五一一七
販売：〇三-五二八一-三五五五

装幀　おおうちおさむ
印刷・製本　中央精版印刷株式会社

Printed in Japan　ISBN 978-4-09-825170-4

小学館101新書 好評既刊ラインナップ

163
食べても痩せるアーモンドのダイエット力
井上浩義
栄養豊富でダイエットにもよく、肌はつやつやになり、アンチエイジング効果もあるというスーパー食品、それはなんとアーモンド。アメリカで認められた驚異の効能とは⁉

164
まずいラーメン屋はどこへ消えた？
岩崎夏海
あらゆるビジネスが大競争時代を迎えている時代に、「競争しない」という選択はあるのか。ベストセラー『もしドラ』の作者が贈る、新しいビジネスサバイバルの指南書。

165
ディズニーの魔法のおそうじ
安孫子薫
東京ディズニーランドで清掃や安全管理の責任者だった著者が創り出したシステムは、リピート率、顧客満足度ナンバーーを達成した、「おそうじという名の魔法」である！

166
こうすれば日本はもの凄い経済大国になる
髙橋洋一
アベノミクスの財政・成長戦略には官僚の利権がちらつく。不要なものを排し、力を結集すれば、日本経済の大躍進が可能になる！　政治家も国民も必読の一冊！

167
中高年正社員が危ない
鈴木　剛
アベノミクスでも中高年正社員を取り巻く労働環境は依然厳しい。「追い出し部屋」など、日本における雇用問題の「今」をリポートすると共に、「未来」についても考える！

168
噛み合わせが人生を変える
日本顎咬合学会
歯を失って満足に噛めなくなると、肩こり、腰痛、うつ病などの疾患に！　逆に正しい噛み合わせで咀嚼できればいつまでも元気。お口と身体の健康を保つ実践法を紹介。